KB177155

나만 모르는
나의 가능성

나만 모르는 나의 가능성

일에서 나만의 가능성을 찾아가는 12주간의 창의력 셀프코칭

에릭 메이즐 지음 | 김병수 옮김

인간은 자신의 내면에서 반짝이는 섬광을
감지하고 보는 법을 배워야 한다.

– 랄프 왈도 에머슨 –

이 책에 대해서

누구나 창의적일 수 있고, 또, 창의적이어야만 한다.

처음 원저를 읽고 나서 <나만 모르는 나의 가능성>이라는 제목으로 책이 나오기까지 10년이 흘렀다. 강산도 변할 시간이지만 "마음의 치유는 개인의 고유한 창의성이 세상에 빛을 발할 때 완결된다"라는 나의 신념은 변치 않았다. 오히려 시간이 흐를수록 더 견고해졌다.

"영혼의 모든 문제는 창의적으로 살고자 하는 열망이 좌절되었을 때 발생하는 이차적인 현상이다"라고 나는 믿고 있다. 마음의 상처, 불안과 우울을 없애는 것보다 개인의 고유한 창의성이 현실에서 실현될 수 있도록 돕는 것이 정신과 의사의 궁극적 과제가 되어야 한다고 믿는다. 정신과 의사인 내가 이 책을 번역하게 된 동기도 바로 이런 신념에서 뻗어 나왔다.

예술가만 창조적이냐? 절대로 그렇지 않다. 스티브 잡스처럼 혁신을 이루는 사람만 "창의적이다"라고 불릴 수 있느냐? 절대 아니다. "크리에이티브한 사람이 부러워. 나는 창의력이 약한 것 같아"라며 푸념하듯 내뱉는 이 말, 과연 옳은 것인가? 완전히 틀렸다. 신은 누구에게

나 똑같이 창의성을 나누어주셨다. 창의성은 인간 실존의 한 부분이다. 창의성은 인간을 성장시키는 가장 강력한 힘이다. 이 책을 끝까지 읽으며 저자가 제시한 과제를 충실히 풀어간다면 이 말에 분명 동의할 것이다.

창의성을 발휘한다는 건 자기 안에 없던 것을 만들어내는 일이 아니다. 신이 태어날 때부터 이미 자기 안에 심어주었던 '창의적 자아'를 세상 밖으로 드러내는 일이다. 누구나 창의적일 수 있고, 창의적이어야만 한다. 창의성을 발휘하며 사는 건 누구에게나 주어진 소명이다. 내 안의 창의성이란 불길을 꺼트리는 가장 큰 원인은 '불안'이다. 아이디어를 궁리하고, 남다른 기획을 하고, 세상에 없던 것을 만들어내는 데에는 불안이 따를 수밖에 없다. 불안에 휘둘리면 빛나는 아이디어를 품고 있어도 연기처럼 이내 사라진다. 불안하면 내 안에 빛이 있어도 그걸 보지 못하고 만다.

"창의력이 바닥 났나봐"라는 말은 창의성을 실현시키는 데 따르는 불안을 감당할 자신이 없기 때문에 둘러대는 핑계다. "기발한 게 떠오르지 않아"라는 말은 타인의 비판이 두려워 자신을 속이고 남들을 속이기 위한 변명이다. 세상에 없던 것을 실재로 만들어가는 과정에서 희생해야 하는 것들이 떠올라 불안해지면 스스로 창의적 자아를 짓눌러버리기도 한다. 그래서 실존주의 심리학자 롤로 메이도 "창조에 가장 필요한 건 용기"라고 힘주어 말했던 거다. 이 책 또한 창조를 위한 용기를 불어넣기 위해 쓴 책이다.

이 책과 함께 12주간의 여정 동안 불안과 부정적 사고, 자기 의심과

스트레스를 어떻게 다뤄야 할지 배우게 될 것이다. “나는 창의적이지 않은 사람 같아”라며 징징거릴 것이 아니라 어떤 상황에서도 꿋꿋하게 창의적 과제를 향해 헌신하는 태도를 몸으로 습득하기를 기대한다. 물론 쉽게 완성될 수 없는 과제라는 걸 잘 안다. 계속 실천해 나가기란 더 어려울지 모른다. 그럼에도 불구하고 우리는 계속 그 길로 가야 한다. 창조란 불안도 느끼지 않고, 불굴의 용기도 없이 반복되는 좌절을 통과하지도 않은 채 그저 쉽게 얻어지는 건 아니니까, 말이다.

2017년 가을날,

옮긴이 김병수(정신과 전문의)

서문

창의적인 삶이 행복이다

존은 꽤 유명한 뮤지션입니다. 지금은 로스앤젤레스에 살고 있습니다. 어느 날 아침, 그가 저에게 전화를 걸어 자신의 밴드가 거의 와해 직전이라고 말했습니다. 밴드의 드럼 연주자가 도박에 손을 대기 시작했고, 베이스 연주자는 요즘 부쩍 무기력에 빠져 있는 것 같다고 토로했습니다. 특히 존을 가장 힘들게 하는 존재는 리드 기타 연주자였습니다. 그는 존이 참을 수 없을 정도로 싫어하는 플로피 햇(floppy hat, 챙이 펄럭거리는 넓은 모자)을 쓰고 무대에 오른다고 했습니다. 존은 자신의 인생이 완전히 엉망이 되어버렸다고 했습니다. 그는 지금 수백 가지 문제로 골치를 썩고 있다며, 그중 여자친구, 자기 소유의 저택, 음반회사, 그리고 매니저와의 문제에 관해 이야기했습니다. 존의 이야기를 듣고 나서 제가 말했습니다.

"신경 써야 할 문제가 몹시 많군요."

"맞아요. 너무 많아요."

"어떻게 하기를 바라죠?"

"지금 당장 샌프란시스코로 가서 당신에게 상담 받고 싶어요."

다음 날, 존은 저를 찾아왔습니다. 저는 뒤쪽으로 조용한 정원이 있는 한적한 분위기의 카페 같은 방에서 존과 두 시간 정도 대화를 나눴습니다. 그러면서 존이 실제로 힘들어하는 문제는 따로 있다는 것을 알게 되었습니다. 그는 최근에 작곡한 곡들이 하나같이 마음에 들지 않는다고 했습니다. 저는 이 문제에 관해 존과 집중적으로 이야기를 나눴습니다. 존에게 질문을 하고, 그의 이야기에 집중했습니다. 그제야 존이 진정으로 원하는 것이 무엇인지 알 수 있었습니다.

"부다페스트에서 보낸 유년 시절의 추억을 발라드 곡으로 표현해보면 어떻겠어요? 그런 곡을 쓴다면 당신이 말한 문제들이 해결될 것 같은데요."

"제가 쓰고 싶은 곡이 바로 그런 것이에요!"

존이 흥분하며 말했습니다.

"하지만 그런 곡을 쓸 수 없다는 게 문제죠. 음반회사에서 싫어할 거예요. 밴드 멤버들은 물론, 팬들도 싫어할 거예요. 그런 곡을 쓴다면 다들 저를 가만두지 않을 거예요."

제가 침묵하는 동안 존은 생각에 잠겼습니다. 존이 몇 달, 아니 몇 년 동안 이 순간을 기다려 왔다는 것을 알 수 있었습니다. 존에게는 약간의 용기와 넛지(nudge, 직접적으로 어떤 것을 하도록 요구하는 것이 아니라, 자연스럽게 행동을 변화시킬 수 있도록 유도하는 부드러운 힘)가 필요했습니다. 존에게 물었습니다.

"진심으로 그런 곡을 쓰고 싶나요?"

"네, 그러고 싶어요."

존이 기어들어가는 목소리로 대답했습니다.
“곡을 쓰겠다는 의지가 분명한 거네요?”
“그렇죠.”
들릴 듯 말 듯 한 목소리였습니다.
“그렇다면 지금 당장 그 곡을 쓰세요.”
“여기서, 지금 쓰라고요?”
“네! 지금 바로 시작하세요. 커피를 더 가져올게요.”
존은 회의적인 표정을 지었지만 그의 얼굴에서 확신에 찬 의지를 느낄 수 있었습니다. 존은 노트를 펴고 음표를 그려 넣기 시작했습니다. 그리고 다음 음절로 넘어갔습니다. 갑자기 존이 주위를 둘러보았습니다. 눈앞에 보이는 벤치에 표정이 거친 블루스 뮤지션 서너 명이 기타를 옆에 낀 채 앉아 있었습니다. 존은 자리에서 일어나 그들에게 다가갔습니다. 잠시 이야기를 나누더니 기타를 빌려왔습니다. 제가 커피를 들고 돌아왔을 때는 새로운 곡이 완성되어 있었습니다. 이 곡은 존의 다음 앨범의 일곱 번째 트랙에 실렸습니다. 새로 발표된 앨범은 그의 밴드가 만든 음악 가운데 가장 서정적이라고 평가받았습니다.

영국에 사는 베스트셀러 작가 마가렛과 매주 전화 상담을 합니다. 그녀의 집 창문 숫자는 제가 가진 책보다 많고, 개인 비서뿐만 아니라 정원사, 운전사, 헬스트레이너, 식이조절을 도와주는 영양사와 안마사까지 소설에나 등장할 것 같은 사람들이 그녀를 도와줍니다. 그녀는 지금까지 다양한 장르에서 수많은 히트작을 냈습니다. 하지만 그녀는 자신을 속이고 있다는 기분에 사로잡혀 있었습니다. 그녀는 아직까지 스스로 가치 있다고 인정할 만한 작품을 한 편도 쓰지 못했다고 생각했습니다. 자신만의 고유한 작품세계를 표현할 수 있는 소설에만 매진하고 싶어 했습니다. 하지만 그녀의 인생은 이미 결정되어 있었습니다. 네 달 혹은 다섯 달마다 원고를 마감해야 했죠. 새로운 소설을 출판할 때마다 이어지는 홍보 행사에 이리저리 불려 다녀야 했습니다. 그녀가 소중하게 생각하는, 진심으로 가치 있다고 여기는 작품에 전념할 수 있는 시간이 마가렛에게 허락되지 않았던 것이죠. 이런 불행한 생활이 연속되는 것이 마음속 불안 때문임을 마가렛은 잘 알고 있었습니다. 그녀는 자신이 위대한 작품을 쓸 만큼 재능이 없다는 생각에 사로잡혀 있었습니다. 어린 시절 부모에게 버림받았던 경험 때문이라는 것도 알고 있었습니다. 마가렛은 자신의 심리 문제를 통찰할 줄 알았습니다. 가끔씩 친구들의 고민을 상담해주기도 했습니다. 하지만 정작 '가치 있는 소설'을 시작하려고 할 때마다 마음속에서 허리케인 같은 동요가 일어나는 자신의 문제는 해결하지 못했습니다. 설상가상으로 그럴 때마다 온갖 사고와 법적인 시비에 시달렸고, 심지어 아이들까지 문제를 일으키곤 했습니다. 신은 그녀가 위대한 작품을 쓰기를 바라면서도, 글을 쓰기 시작하면 비웃으며 방해하는 것 같다고 했습니다. 신이 자신에게 은총을 내렸지만 동시에 조롱하는 것 같다고 말했습니다.

마가렛과 저는 일주일에 한 번씩 전화 통화를 하며 이 문제를 다루었습니다. 전화 코칭은 지리적으로 멀리 떨어져 있는 내담자와 친밀감을 유지하는 좋은 방법입니다. 내담자가 어디에 있든 마치 바로 옆에 있는 것처럼 상담할 수 있기 때문입니다. 마가렛과 대화를 나누던 중에 최근 스웨덴어로 번역된 작품에 관한 이야기가 나왔습니다. 그 책 한 권으로 번 수익이 제가 지금까지 쓴 모든 책으로 번 것보다 훨씬 많았습니다.

"제 작품이 스웨덴에서 많이 사랑받고 있어요."

"당신이 자신을 사랑하는 것보다 스웨덴 사람들이 당신을 더 사랑하는 것 같군요."

"맞아요. 나보다 그 사람들이 훨씬 더 많이 나를 사랑해주는 것 같아요."

마가렛이 제 말에 수긍했습니다.

"앞으로 15분 동안 이 문제를 집중적으로 다뤄봐도 괜찮을까요?"

"벌써 제 마음속에서는 폭풍우가 몰아치기 시작했어요."

"심호흡을 해요, 마가렛."

"이제 됐어요. 시작해요"

"마가렛, 당신은 진심으로 쓰고 싶은 소설을 마음에 품고 있어요. 당신도 그렇게 생각하죠?"

"당신이 그렇게 생각해줘서 좋기는 하지만, 나 스스로 그렇게 믿는지는 모르겠어요."

"내 안에 위대한 작품이 잠자고 있다! 내 안에 이미 가치 있는 소설을 품고 있다! 이렇게 확신을 갖고 소리쳐보세요."

"내 속에 위대한 작품이 잠자고 있다!"

마가렛이 소리쳤습니다.
"기분이 어떠세요?"
"죽을 것만 같아요."
그녀가 마음을 가라앉히는 동안 잠시 침묵이 흘렀습니다. 상처받은 작가에게 도움이 되고 싶었습니다. 자신의 능력을 의심하는 작가에게서 위대한 작품을 끌어내는 것은 힘들지만 분명 보람 있는 일입니다. 한 시간이 흐른 후, 저는 창가 옆 의자에 앉아 샌프란시스코 만을 바라보았습니다. 멀리 서쪽으로 디아블로 산이, 동쪽으로는 캔들스틱 공원이 보였습니다. 창밖으로 새들이 지저귀었습니다.

그날 오후, 지역 음악학교에서 젊은 오페라 가수 지망생을 대상으로 무대 공포증에 관해 강의를 했습니다. 수업에 참여한 학생들에게 제가 개발한 불안 관리법의 하나로 마음 호흡법을 알려주었습니다. 마음 호흡법은 여섯 번의 심호흡과 여섯 번의 생각, 그리고 1분 동안 마음의 평화를 유지하는 연습으로 이루어져 있습니다. 저는 학생들에게 한 명씩 자리에서 일어나 마음속으로 아리아를 부르게 했습니다. 저는 한 학생이 불안을 느끼고 있음을 감지하고 그녀에게 물었습니다.
"지금 어떤 생각들이 떠올랐죠?"
"낮은 도 음 다음에 고음으로 넘어갈 차례라고 생각했어요."
"다음 부분을 노래할 준비가 되었다고 느끼나요?"
"아니요!"

"하지만 평소에는 부드럽게 높은 음역으로 잘 넘어가잖아요?"

"자연스럽게 부르긴 하지만 전혀 아름답게 느껴지지 않아요."

"긴장을 풀기만 하면 소리가 아름다울 것 같은데요. 편한 마음으로 노래 부르면 고음 영역에서도 아름다운 소리를 낼 수 있다는 걸 당신도 잘 알죠?"

"그런 말은 항상 들어요. 하지만 긴장을 풀어라, 마음을 편안하게 하라는 말들이 저에게는 아무런 도움이 되지 않아요."

"그렇다면 제가 알려드린 이완기법을 꾸준히 연습해보세요. 그러다 보면 훨씬 자신감 있게 아름다운 고음을 낼 수 있을 겁니다."

"그건 선생님의 기대겠죠. 저는 그렇게 되지 않을 것 같아요."

저는 그녀가 불안감을 덜어내고 편한 마음을 되찾을 수 있도록 마음 호흡법을 활용해 도와주었습니다. 그런 다음 그녀는 목소리를 가다듬고 노래를 시작했습니다. 다행히 고음에서도 긴장하지 않고 부드러운 음색을 낼 수 있었습니다. 강의실에 있던 모든 학생이 감동했죠. 그러자 학생들은 제 수업에 더 열의를 보였습니다. 남은 수업 시간 동안에 마음 호흡법과 불안 다루는 다른 기법들을 몇 가지 더 가르쳐주었습니다.

아침 6시, 저는 컴퓨터 앞에 앉아 글을 씁니다. 월요일부터 일요일까지 하루도 거르지 않고 아침마다 적어도 한 시간씩 글을 씁니다. 컨디션이 좋고 의욕이 넘칠 때는 서너 시간씩 글을 쓰기도 합니다. 저는 내담자들에게 규칙적인 생활리듬(regularity)을 유지하고 일상생활에서 루틴(routine)을 만들 것을 강조합니다. 매일 아침, 창의적인 활동으로 하루를 시작하길 권합니다. 아침에 일어나자마자 창의적인 작업에 전념할 수 있다면 하루 동안 이룬 것이 하나도 없다는 절망감을 느낄 이유도 없을 테니까요. 창의적인 작업으로 하루를 시작하세요. 아침에 일어나 운동하기 전에, 출근할 때 입을 옷을 고르기 전에, 잡다한 생각들이 머릿속을 어지럽히기 전에 창의적인 작업을 먼저 시작해야 합니다. 아침에 일어나 가장 먼저 하는 일이 창의적인 일이어야 한다고 마음먹으면 마치 천상에서 천사가 날아 들어온 듯한 기분으로 하루를 시작할 수 있습니다. 이것은 제가 창의력 코칭을 할 때 내담자들에게 항상 주문하는 것입니다.

오전 9시, 내담자에게 전화가 왔습니다. 그녀는 멕시코에서 활동하는 화가입니다. 그녀에게는 한 가지 고민이 있습니다. 사실을 알고 나면 전혀 이상한 것이 아닌데도, 자기 자신은 너무 이상하다고 느끼는 문제를 갖고 있습니다. 6개월 전, 그녀는 대규모 프로젝트를 끝냈습니다. 교회에 거대한 벽화를 그리는 작업이었죠. 사전 작업에만 반 년이 걸렸습니다. 주최 측에서 보조 화가도 몇 명 지원해주었고, 보수도 꽤 괜찮았습니다. 결과는 대단히 성공적이었습니다. 그녀는 말로 표현하기 힘들 정도로 엄청난 성취감과 자부심을 느꼈습니다. 그런데 프로젝트가 끝난 뒤부터가 문제였습니다. 이전처럼 작품 활동을 할 수 없게 된 것이죠. 일반 캔버스는 초라해 보였고, 심지어 지루하게도 느껴졌습니다.

이번 창의력 코칭의 목표는 그녀의 재기를 돕는 것이었습니다. 그녀가 느끼는 문제 중 하나는 자신의 기존 페인팅 스타일에 싫증이 났다는 것이었습니다. 캔버스가 너무 작고 작품의 소재도 하찮게 느껴져서 이전처럼 그림을 그린다는 것은 죽을 만큼 지루하게 느껴졌던 것이지요. 지금까지 그녀는 주로 멕시코시티의 풍경을 그렸고, 컬렉터들은 개성 넘치는 그녀의 작품을 좋아했습니다.

그동안 코칭 세션을 수차례 진행했고, 오늘 비로소 핵심에 이르렀습니다. 그녀는 구상화가 아닌 추상화에 매진하고 싶어 했습니다. 열정과 야성, 절망감과 공격성을 캔버스에 쏟아내고 싶다고 했습니다. 지금까지의 스타일을 버리고 고정된 이미지의 감옥에서 탈출하고 싶어 했습니다.

그녀에게 벽화 프로젝트는 신의 은총이자 동시에 저주였습니다. 경탄할 만큼 훌륭한 작품을 완성했지만 이전으로 돌아갈 수 없게 되었으니까요. 하지만 마침내 그것은 저주가 아니라 은총이었음을 분명히 깨달았습니다. 벽화 프로젝트를 완성한 뒤에야 비로소 그녀가 오랫동안 갈망해온 작품세계에 전념할 수 있게 되었기 때문이죠. 이제는 거대한 추상화 작업에 뛰어들 때가 된 것입니다. 컬렉터나 비평가의 반응이 어떨지 미리 예상하는 것은 무의미합니다. 그녀도 이 점을 잘 알고 있습니다. 두려워할 것은 아무것도 없습니다. 그녀와 저는 같은 결론에 이르렀습니다. 그녀는 흥분했습니다. 예정된 시간보다 10분 빨리 상담을 끝냈습니다. 얼마 지나지 않아 첫 번째 추상화가 완성되었다는 그녀의 메일을 받았습니다.

창의력 코치가 되고 싶어 하는 사람들이 보내온 메일을 읽고 답장하는 것도 제 일 중 하나입니다. 저는 4개월 과정의 창의력 코칭 교육을 1년에 두 차례 진행합니다. 인터넷만 연결되어 있다면 전 세계 어디에서든 참가할 수 있습니다. 내담자들도 세계 각국에 흩어져 있습니다. 조지아 주 시골에 사는 창의력 코치가 브라질에서 활동하는 화가, 뉴욕의 래퍼, 베를린의 시인, 사바나의 건축과 학생과도 상담할 수 있습니다.

그들은 이 교육 과정을 통해 다른 사람의 창의력을, 그리고 자신의 창의력을 이끌어낼 수 있는 코칭법을 배웁니다. 부정적인 생각이 창의성을 죽인다는 것과 어떤 상황에서도 창의적 작업을 해 나가야 한다는 필연성, 목표와 계획을 세우고 하루를 충실하게 살아야 한다는 것과 목표를 이루는 과정의 중요성 등을 교육받습니다. 창의력 코칭 교육으로 그들의 창의적 열정이 깨어나도록 도와주는 것이죠. 기획자, 작가, 화가, 예술가처럼 창의성이 요구되는 작업을 하는 사람들이 이전에는 한 번도 받아본 적이 없는 훈련입니다. 창의력 코칭 훈련을 마치고 나면 놀랍게도 자신의 내면에 창의력이 깨어나는 것을 경험하게 됩니다.

오후에 산타바바라에서 내담자가 찾아왔습니다. 유명하지는 않지만 꽤 성공한 추상화가입니다. 그의 작품은 한 점에 1만 달러 정도에 팔립니다. 운이 좋을 때는 그의 부인이 운영하는 갤러리에서 1년에 열

작품 이상이 판매되기도 합니다. 상담을 하면서 저는 그의 마음에 상반된 희망이 갈등한다는 것을 알게 되었습니다. 적어도 3만 달러는 받을 수 있는 그림을 그리고 싶어 하는 한편, 화가가 아닌 조각가로 새로 출발하길 열망했습니다.

조각은 그에게 새로운 분야입니다. 조각을 시작하면서 많은 실수와 시행착오가 있었습니다. 조각 작품을 만드는 것은 처음이었고, 다른 사람의 도움에 의지할 수만은 없다는 것도 깨달았다고 말했습니다. 그는 성공하지 못한 화가 출신의 보조 작가들이 자신의 작품들을 고의로 망쳐놓을지도 모른다는 의심에 사로잡혀 있었습니다. 조각가로 사는 것이 자기 무덤을 파는 일은 아닌가 하는 걱정에 빠져 있었습니다. 그보다 그의 아내가 더 심각하게 걱정했습니다. 해변가의 집과 새 작업실을 구입하기 위해 빌린 돈을 갚아야 했기 때문입니다. 그림에 싫증났다는 것이 문제의 전부는 아니었습니다. 더 핵심적인 문제는 지금까지 그가 구사해온 페인팅 스타일은 그에게 더 이상 도전의지를 자극하지 못한다는 것이었습니다. 하지만 조각은 완전히 새로운 분야였죠.

그는 제가 자신을 조각가로 인정해주기를 바랐습니다. 그가 왜 조각을 하고 싶어 하는지, 왜 반드시 조각을 해야 하는지에 대해 제가 이해한다고 말해주기를 원했습니다. 조각의 세계로 조금씩 발을 들여놓을 때마다 내면의 갈등과 현실적인 문제, 그리고 조각에만 전념할 수 없는 이유들이 하나둘씩 드러나기 시작했습니다. 경제적인 타격을 줄 수 있는 조각 작품 활동을 계속하는 것이 정말 옳은 일일까? 조각에 대한 열정이 솟아난 순간에 화가로서 누릴 수 있는 모든 것을 버리는 것이 과연 현명한 선택일까? 그림 작업과 조각 작업을 병행할 수 있는 좋은 방법이 없을까? 산들바람이 나뭇잎을 스치며 그림자를 흔들어놓는 동안 우리는 깊은 생각 속으로 빠져들었습니다.

제시카는 지난 4년 동안 간간히 소설을 써왔습니다. 그녀는 한때 열정적으로 빠져 있던 소설에 더 이상 에너지를 쏟아 붓지 못하고 있었습니다. 아무런 진전이 없는 상태라고 했습니다. 그녀는 자신에게 실망했다고 말했습니다. 소설을 쓴다는 이유로 쓸데없이 시간만 낭비하고 고민에 빠져 있을 바에야 차라리 돈 벌러 나가겠다고 선언해버렸습니다. 그녀의 선언에 가장 기뻐한 사람은 남편이었습니다. 그러자 자신이 아마추어처럼, 아니 패배자처럼 느껴졌고 혐오스러워졌다고 했습니다.

저는 그녀의 고민을 잠시 제쳐놓고 몇 가지를 물었습니다. 소설의 어느 부분이 마음에 들지 않는지, 어디서 전개가 막혔는지, 정말로 손쓸 수 없을 정도로 엉망이라면 다음 책에서 시도할 내용은 무엇인지……. 그녀는 실패한 결혼생활을 그린 소설을 쓰고 있는데, 현실감이 떨어지고 감정을 너무 억제한 채 방어적으로 글을 쓰고 있었습니다. 고통스럽고 혼란스럽더라도 결혼의 종언을 고하는 드라마를 쓰기 위해 용감하게 뛰어들어야 했습니다.

스타일리시한 작품을 쓰겠다는 제시카의 열망은 무언가를 숨기기 위한 방어기제였습니다. 이 시대의 부부가 느끼는 진실한 감정이 담겨 있지 않은, 그저 예쁜 문장으로 포장된 소설을 쓰는 자신을 향한 합리화에 불과했습니다. 저는 상담자로서의 순수한 관심과 열정을 담아 그녀에게 꺼내놓기 힘든 진실을 말해야 했습니다. 올바른 방식으로 전달할 수 있다면, 힘든 진실도 받아들일 수 있습니다.

소설이 진전되지 않는 이유를 깨닫고 나자 그녀는 한결 마음이 편안해진 듯 보였습니다. 앞으로 어떻게 글을 써 나가야 할지에 대한 아이디어가 떠올랐다고 했습니다. 그녀의 마음속에서 소설에 대한 열정이 다시 가득 차올랐습니다. 예정보다 상담 시간이 15분 정도 길어졌지만 그녀에게 도움이 되었기에 그런 것은 문제가 되지 않았습니다.

저는 창의력 코치로서 슬럼프에 빠져서 자신의 일과 삶에서 어려움을 호소하는 사람들을 많이 만나왔습니다. 그들은 각자 다양한 심리적 문제를 안고 있었습니다. 우울해서 글이 써지지 않는 작가, 불안해서 그림이 그려지지 않는 화가, 무기력에 빠져서 더 이상 아이디어가 나오지 않은 기획자 등 이들은 하나같이 절망적인 시간들을 견뎌내고 있었습니다.

저는 그들이 다시 창의적인 활동에 매진할 수 있도록 도와주고 싶었습니다. 그래서 다시 자신의 잠재력을 찾고 그 빛나는 재능으로 자신의 행복을 찾기를 바랐습니다. 창의적인 삶은 우리에게 행복을 선물로 안겨줍니다. 슬럼프의 시간을 이겨내고 자신의 가능성을 회복한 수많은 사람들이 그것을 확인시켜주었습니다. 자신도 몰랐던 창의적인 나를 만났을 때, 모두들 행복한 미소를 저에게 보여주었습니다.

이 책에서는 자신의 일과 삶의 현장에서 보다 나은 크리에이터가 되는 방법을 알려주고자 했습니다. 본문 각 장 마지막에 Self-Coaching에서는 본문에서 읽은 내용을 실제로 시도해보기를 바랍니다. 실행하는 것이 가장 중요합니다. 하나씩 따라하다 보면 어느새 심리적으로 놀랄 만큼 성장하는 자신을 발견하게 될 것입니다. 불안을 떨쳐버리고 새로운 프로젝트를 어떻게 시작해야 하는지, 멈춰버린 프로젝트에 어떻게 활력을 다시 불어넣을지, 진행 중인 프로젝트에 어떻게 더 깊이 몰두할 수 있는지, 창의적인 삶의 여정에서 반드시 만나게 되는 심리적·현실적 장애물들을 어떻게 헤쳐 나가야 하는지를 알려드립니다.

각 장의 후반부에는 실제 저의 코칭 사례들을 소개했습니다. 저의 내담자들과 그들의 사연들을 살펴보면서 함께 파리, 런던, 뉴욕 등 세계의 여러 도시로 여행을 떠날 것입니다. 이 책에 담긴 셀프코칭 훈련을 마쳤을 때, 당신이 반드시 마주치게 될 도전과 역경을 이겨낼 수 있는 힘이 지금보다 더 강해지기를 바랍니다.

마지막으로 이 책과 함께 떠나는 12주간의 셀프코칭 여행으로 당신 안의 창의적인 자아와 만나기를 진심으로 바랍니다.

차례

Becoming a creativity self coach

Week 1
창의력 셀프 코치가 될 것

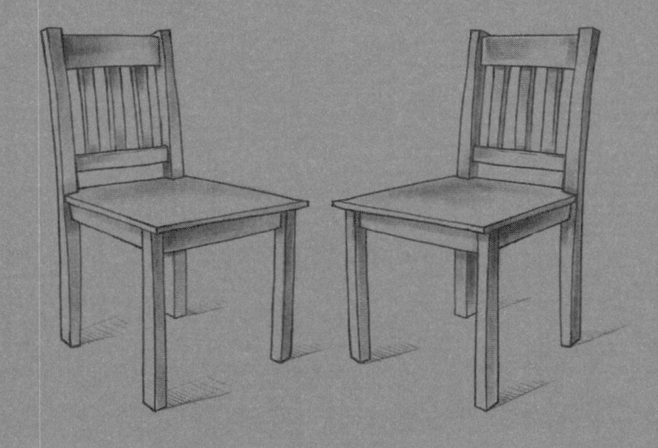

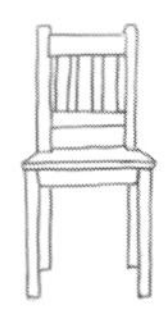

내가 나의 코치가 되기 위해서는 무엇보다 스스로에게 긍정적인 에너지를 줄 수 있어야 합니다. 열린 태도로 자신과 솔직하게 대화를 나눌 수 있어야 하고, 이때도 자신과 일정한 거리를 두면서 자기 삶의 관찰자가 되어야 합니다. 어리석음을 용기 있게 인정할 줄 알고, 변명하거나 숨기려는 방어적인 태도를 버려야 합니다. 제3자의 눈으로 자기를 바라보고, 과거와 현재뿐만 아니라 미래의 자기 모습도 상상할 수 있어야 합니다. 스스로 동기를 불어넣고, 칭찬하고, 때로는 꾸짖기도 해야 합니다. 사랑이 필요할 때는 그 누구보다 더 나 자신을 사랑할 수 있어야 합니다.

우리가 익혀야 할 첫 번째 셀프 코칭은 자아를 둘로 나누는 것입니다. 평소 익숙한 일상적 자기와 내면에 숨어 있는 창의력 코치로서의 자기를 분리하는 것이죠. 함께 연습해봅시다.

자기 자신과 솔직하게 대화하기

의자 두 개를 서로 마주보게 놓습니다. 왼쪽 의자에 앉으면 당신은 평소의 일상적인 자기 자신이 됩니다. 마주보는 오른쪽 의자에 앉으면 당신은 창의력 코치로서의 자기가 됩니다.

이제 자기 자신과 대화를 시작하겠습니다. 먼저 왼쪽 의자에 앉아서 평소 마음속에 숨겨둔 고민이나 걱정을 하나씩 꺼내봅니다. 예를 들면 이렇습니다.

- 지루하다. 권태롭다. ( )
- 작업을 완성하지 못했다. ( )
- 스트레스로 거식, 폭식 등 식이장애에 시달린다. ( )
- 작업 중인 프로젝트에 회의적인 느낌이 든다. ( )
- 지금 하는 일이 재미없지만 벗어날 만한 다른 방법이 없다. ( )

혹시 당신에게 해당하는 사항이 있나요? 그렇다면 괄호 안에 표시를 해보세요. 용기를 내어 당신의 진짜 문제를 고백했다면 첫 번째 연습은 그런대로 의미가 있습니다. 현실에서 우리 대부분은 자신이 직면한 문제를 솔직하게 고백하지 못합니다. 자신의 문제를 인정하고 고백하는 시간을 갖지 못한 채 하루에도 수십 번씩 마음속으로만 '작업을 끝내지 못했어!'라고 생각하며 스스로를 괴롭힙니다.

흔히 우리는 '멈추기'를 거부합니다. 하던 일, 해야만 하는 일을 중단하면 불안해지고 자존심에 상처가 날 것 같기 때문입니다. 잠시 멈추고 자기 문제를 고백하면 자칫 절망감이나 자기비하에 빠질까 봐 두려운 건 아닐까요? 이런 두려움 때문에 아무것도 해결하지 못한 채 자기 자신만 괴롭히는 악순환을 반복합니다. 하지만 당신이 가장 먼저 해야 할 일은 두려움을 떨치고 자신의 문제를 고백하는 것입니다. 이는 당신이 왼쪽 의자에 앉아서 해야 할 일이기도 합니다. 맞은편 의자를 보면서 말해봅시다.

"인정합니다. 저는 글을 쓰지 않고 있습니다."[01] - 나 자신

그다음에는 오른쪽 의자로 옮겨 앉습니다. 그리고 자기 자신을 위한 창의력 코치가 되어봅니다. 내가 나의 코치가 되는 것이죠. 셀프 코치로서 당신은 자신에게 어떤 말을 해주고 싶나요? 호기심을 갖고 질문을 해봅니다.

"왜 글을 쓰지 못할까? 너는 글 쓰는 것이 다른 무엇보다 소중하다고 했지. 지금 무슨 문제가 있는 거니?" - 셀프 코치

질문은 다음 단계로 넘어가기 위해 반드시 거쳐야 하는 과정입니다. 발명가가 '전구에 가장 적합한 필라멘트는 어떤 것일까?' 하고 흥미를 갖고 스스로에게 질문하듯 당신의 창의력 코치 역할을 하는 당신 자신도 근본적인 문제에 관해 '왜?'라고 물으면서 자기 내면을 들여다보아야 합니다. 자기 문제의 근원에 닿기 위해, 그리고 해결책을 찾기 위해 당신의 인간적인 본성과 현실에 대한 지식을 총동원해야 합니다. 이렇게 문제 제기를 하고 나면 다시 왼쪽 의자로 옮겨 앉아 일상적인 자기 역할로 돌아옵니다. 그리

01
꼭 글이 아니어도 됩니다. 새로운 분야의 공부든 아니면 다른 프로젝트든 다 좋습니다. 지금 작업을 해야 하는데도 하지 않거나 못하는 것이 무엇인지 스스로에게 물어보면 됩니다.

고 창의력 셀프 코치의 질문에 대답해봅니다.

"글을 쓰지 못하는 이유는, 내가 쓴 글이 형편없어서야." – 나 자신

다시 오른쪽 의자로 재빨리 돌아갑니다. 그렇지 않고 왼쪽 의자에 주저앉아 있으면 곧 자신을 비하하며 무기력해지고 맙니다. 오른쪽 의자에 앉아 다시 셀프 코치가 되어 자신에게 질문을 던집니다.

"너는 네가 쓴 글이 형편없다고 했지. 우선 그 말이 무슨 뜻인지 자세히 알아봐야겠어. 글의 콘셉트가 문제라는 걸까? 지루하다거나, 드라마틱하지 않다거나, 아니면 내용을 좀 더 보완하고 수정해야 한다거나. 글이 완성되기까지 수차례 퇴고 과정을 거친다는 건 너도 잘 알잖아? 잊었던 거니? 아니면 얼마나 퇴고를 해야 하는지 가늠이 되지 않아서 그러는 거니? 완전히 다시 써야 할 정도라고 느끼는 거니? 물론 네가 얼마나 힘들게 작업했는지 잘 알아. 그렇지만 한번 생각해보자고. 네가 글에 대해 내린 평가가 정말 옳을까? 친구와 동료들에게 보여주고 의견을 들어보면 어떨까? 혹시 다른 사람들에게 평가받는 게 두렵니? 그래서 다른 사람에게 보여주는 것을 꺼린 건 아닐까? 네 생각은 어때? 그런 것 같지 않아?" – 셀프 코치

셀프 코치가 되려면 기본적으로 용기가 필요합니다. 셀프 코치가 되어 스스로에게 가장 적절하면서도 이해하기 쉬운 질문을 던지

고 또 답해봅니다. 이 연습으로 자기 내면과 진정한 소통을 시작하게 됩니다. 자기와의 대화 속으로 들어갑니다. 머리를 긁적이며 생각을 끄집어내고 문제를 제기하고, 그것에 대답하고 생각하고, 다시 묻고 대답하면서 대화를 계속 이끌어가게 됩니다. 이런 시도[02]는 앞으로 일어날 예측 불허의 일들에 대처하는 데도 크게 도움이 됩니다.

충분히 대화를 나누었다고 말할 수 있을 때까지 당신 앞에 놓인 두 의자를 왔다 갔다 하며 자기대화를 계속해 나가세요. 생각보다 시간이 오래 걸릴 수 있습니다. 중간에 잠시 쉬어도 됩니다. 그러고 나서 다시 시작하세요. 나중에는 의자 없이 자기대화를 연습해보세요. 자신에게 문제를 제기하고 셀프 코치가 되어 해결책을 찾아 나가는 것, 이것이 내 안의 창의성을 끌어내는 최고의 방법입니다.

만약 당신이 자기 자신에게만 파묻혀 있다면 어떻게 될까요? 스스로를 객관적으로 관찰할 수 없거나 시야가 점점 좁아져서 생각이 진부해지겠지요. 당연히 어떤 문제에 부딪혔을 때 적절한 해결책을 찾지 못하거나, 어쩌면 무엇이 문제인지조차 깨닫지 못할지도 모릅니다. 서서히 창의적 활동은 중단한 채 자신을 고통스러운 과정에 방치하게 됩니다. 자기 자신을 비하하거나 폭식을 하거나 또는 자신의 몸을 학대하는 등 잘못된 방식으로 스스로를 억압하게 되겠지요. 이렇게 뒤엉킨 상태에서 우주의 신비가 내면에 깃들 리 없습니다. 결국에는 "최근에는 한 줄도 못 썼어. 무엇이 문제일까? 솔직하게 대화를 나눠봤으면 좋겠어" 하는 자기대화는 꿈도 꿀 수 없게 됩니다.

02
대부분의 사람들은 이런 시도조차 하지 않습니다. 어려움이 닥쳤을 때 벗어나기 위해서 자기와 대화를 나눠본 적이 있나요? 없다면 지금껏 자기대화를 한 번도 시도해본 적 없다는 뜻입니다.

나 자신을 위해 내면에 셀프 코치 한 명을 둔다는 것은 매우 중요합니다. 따뜻한 시선으로 내 인생을 지켜봐주는 또 다른 내가 있다는 것, 언제든지 나를 도와줄 수 있는 친구 한 사람이 곁에 있다는 것은 당신이 상상하는 것 이상으로 큰 힘을 발휘합니다. 당신에게 이런 셀프 코치가 없다면, 불안과 걱정 때문에 조급해하며 올바른 판단을 내릴 수 없습니다. 인생의 진정한 소명에 대해서는 생각해보지도 못한 채 시간만 낭비하게 됩니다. 변화를 거부하고 현재의 행동방식만 고집스럽게 매달린다면 살아보지 못한 당신의 빛나는 인생은 어디서 보상받을 수 있을까요?

타인이 나를 코칭해주는 것을 거부하는 것은 다른 문제입니다. 이것은 때로는 현명한 결정일 수 있습니다. 하지만 내가 나에게 하는 코칭을 거부하는 것은 정말로 어리석은 일입니다. 진정한 내면의 소리를 외면하는 것이기 때문입니다.

첫 번째 셀프 코칭을 통해서 배우는 것은 자기 자신을 위해 기꺼이 셀프 코치가 되겠다고 용감하게 선언하는 것입니다. 새로운 관점을 용기 있게 받아들이지 못한다면 앞으로 배울 11가지 셀프 코칭도 익힐 수 없습니다. 의심과 두려움에서 벗어나 마음을 열고 솔직하게 대화할 수 있어야 합니다. 무엇보다 중요한 것은 "나 자신을 스스로 코칭하겠다"는 마음가짐입니다.[03]

셀프 코치의 도움을 받아들이겠다는 것은 당신이 통제할 수 있는 것에 대해서는 스스로 책임지겠다는 것을 의미합니다. 아프리카 아동의 굶주림, 전쟁, 오존층 파괴, 아버지에게 학대 받은 경험, 회사의 까다로운 휴가 방침 등은 당신이 통제할 수 없는 영역입니다. 하지만 '어떻게 인생의 의미를 만들 것인가'와 같은 문제

03
때로는 셀프 코칭 과정에서 격렬한 저항이 일어납니다. 지금껏 중요하게 여겼던 믿음이나 자기 방어를 내려놓아야 하거나, 또는 이런 것들을 솔직하게 드러내야 하기 때문입니다.

는 당신이 스스로 책임져야 한다는 뜻입니다. 언제, 어디서든 창의적 활동을 하겠다는 의지만큼은 반드시 스스로 책임져야 한다는 의미입니다.

대부분의 사람들은 높은 수준의 자기인식이나 자기대화, 진정한 용기에는 다다르지 못한 채 살아갑니다. 그러다 보니 자기만의 고유한 동기부여 방법이나 자신의 가능성을 최대치로 끌어올리는 방법에 대해서는 깨닫지 못하죠. 그 결과 우울과 불안을 느끼지만, 기껏해야 쇼핑이나 스포츠 중계로 자기를 달래면서 많은 시간을 혼란 속에 흘려보냅니다. 이것이 흔한 모습입니다. 대부분의 사람들이 이렇게 살아갑니다. 창의적인 삶을 살고 싶다는 사람들조차 이런 식으로 자기 인생을 허비하곤 합니다.

창의력 셀프 코치가 되겠다는 것은 자신이 처한 상황에 대해 솔직하고 객관적이 되겠다는 의미입니다. 현실의 상황이 요구하는 것은 무엇이든, 비록 하고 싶지 않은 일이라도 하겠다는 뜻입니다. 내 삶의 진정한 증인이 되어 나를 코칭해줄 수 있는 사람은 나 자신 말고는 아무도 없습니다. 코치는 선수를 대신해서 뛸 수 없습니다. 스트라이크 존에 정확히 볼을 던지거나 스트라이크 존을 벗어난 볼은 치지 않기 위해서는 선수 스스로 자기 자신을 단련시키기 위해 셀프 코치가 되어야 합니다. 지금 당장 당신이 해야 할 일은 자신에게 다음과 같이 말하는 것입니다.

> "나는 내 강점을 더 많이 알아갈 것이다."
> "나는 내 자신을 위한 가장 친밀한 친구이자, 든든한 후원자가 될 것이다." [04]

04
이것은 자기 내면에 존재하는 실용적인 능력을 계발하는 것과는 다릅니다. 당신 인생에 가장 중요한 실존적 소명에 최선을 다하는 것이고, 자기 행동에 스스로 책임을 지겠다는 겁니다.

내면에 창의력 셀프 코치를 한 명 고용하겠다는 것은 "이제 타석에 들어서서 투수의 공을 칠 준비가 되었다"고 말하는 것과 같습니다. 창조하는 것의 의미를 진정으로 이해한 사람이라야 이렇게 말할 수 있습니다. 그런데 왜 지금 진행 중인 작업이나 일, 프로젝트 등 — 아름답고 심오한데도 불구하고 — 이 당신에게 의미 있게 느껴지지 않는 것일까요? 다음을 연습해봅시다.

'나는 소중하다'고 결심하기

창의력은 당신이 소중하게 여기는 것과 밀접하게 연결되어 있습니다. 당신이 자기 자신을, 그리고 자신의 아이디어나 작업을 소중하게 여기지 않으면 창조를 위한 어떤 열정도 생기지 않습니다. 그러니 하루에도 스무 번, 서른 번 스스로에게 이렇게 외치십시오.

> "나는 누구보다 소중하다."
> "내가 하고 있는 일은 무엇보다 소중하다."

이렇게 할 수 있습니까? 샌프란시스코에 살고 있는 내가 들을 수 있도록 큰소리로 외쳐보세요. 지금 당장 해보세요. 부끄러워하지 말고 당신 자신이 소중한 존재라는 강철 같은 믿음이 생길 때까지 소리쳐보세요.

> "나는 소중하다."

당신 안의 창의성을 일깨우기 위해서는 당신 자신이 당신의 코치가 되어야 합니다. 물론 여기에는 당신의 노력이 필요합니다. 지금까지 습관적으로 해오던 사고방식과 행동방식을 과감히 버리고 새로운 방식을 받아들여야 합니다. 그럴 수만 있다면 어떤 상황에서도 자기 자신을 긍정적으로 받아들일 수 있습니다. 한숨을 내쉬며 "빌어먹을, 또 이런 일이 생겼네!"라고 소리 지르는 대신 잠시 호흡을 가다듬은 뒤 이렇게 말하게 됩니다.

"이 상황을 헤쳐 나가기 위해 셀프 코칭을 해봐야겠군."

물론 당신이 여기서 소개하는 셀프 코칭 훈련을 하루에 다 익히리라고는 기대하지 않습니다. 그러나 적어도 '한번 시작해볼까'라고 마음먹기를 바랍니다. 지금 바로 당신에게 코칭이 필요한 이유를 꺼내보고 스스로 셀프 코치가 되어 진지하게 고민해보길 바랍니다.

나 자신과 건강한 관계를 맺는다

저는 지금 인디애나 주의 라이징 선에 와 있습니다. 새롭게 조직된 라이징 선 작가 컨퍼런스에서 기조연설을 하고 워크숍 강의를 하기 위해서입니다.

어젯밤 컨퍼런스 리셉션에서 자신의 책이 출판되기를 바라는 작가 지망생 몇 명과 이야기를 나눴습니다. 그들이 쓴 책이 실제로 출판될 수 있을까요? 현실적으로 쉽지는 않을 겁니다. 그들이 글을 쓸 수 없거나 시간이 없어서가 아닙니다. 창작 과정에서 겪게 되는 혹독한 시련을 뚫고 나갈 수 있도록 도와주는 자기 내면에 창의력 코치가 없기 때문입니다. 그들에게는 “일단 첫 번째 책을 써봐. 그리고 마음에 들지 않으면 다음 책을 다시 쓰면 돼”라고 조언해주는 사려 깊고 든든한 삶의 관찰자이자 조언자가 필요합니다. 자기 내면에서 솟아난 충고와 도움이 절실히 필요합니다.

그들은 왜 창의력을 일깨워주는 셀프 코치를 곁에 두지 못했을까요? 만약 “두려움 때문”이라고 말한다면 그것은 일반적인 두려움과는 다른 의미입니다. 컨퍼런스에 참가한 작가 지망생들은 겁쟁이가 아닙니다. 이혼의 아픔에서 벗어났으며, 전기톱으로 조각 작품을 만들었고, 장애가 있는 자녀를 훌륭하게 길러왔습니다. 그들에게 현실을 이겨내는 용기는 충분했지만, 반면에 창의적인 용기는 부족했던 겁니다.

그들은 마음속에 숨겨놓은 상처와 갈등을 다시 꺼내야 한다는 두려움에 휩싸여 있다는 것을 잘 알고 있습니다. 창작 활동을 시작하기도 전에 불안을 일으킬지 모를 수많은 문제가 그들을 압도해버린 것이지요. 고집스러운 성격, 작업에 요구되는 어마어마한 시간과 노력, 그리고 자신의 작품이 대중에게 호응을 얻지 못할지도 모른다는 불안감. 이런 문제들을 두려워하는 것입니다. 무엇보다 창작 활동에서 삶의 의미를 찾지 못할지도 모른다는 두려움이 그들의 마음속 깊이 자리 잡고 있었습니다.

글을 쓴다는 것은 존재의 의미를 찾아가는 여행과 같습니다. 두려움 때문에 자신의 내면과 진실한 관계를 맺지 못하면 자기 자신을 바보처럼 여기게 됩니다. 단지 이런 두려움 때문에 내면의 지혜에 닿지 못한 채 마음의 문을 닫아버린다면 얼마나 괴로울까요? 지난밤에 참석자 한 명이 제게 악수를 청하며 다가왔습니다. 그녀는 자신을 이렇게 소개하더군요.

"안녕하세요. 저는 '바보'입니다."

꾸며낸 이야기처럼 들리겠지만 아닙니다. 저는 비슷한 말을 수도 없이 들었습니다.

"저한테는 재능이 없어요."

"제 머릿속은 텅 비어 있어요."

사람들은 이런 무시무시한 말을 내뱉으며 저에게 악수를 청합니다. 저는 그녀의 눈을 보며 말했습니다.

"다시는 그렇게 말하지 마세요."

그녀는 웃어 보였지만 속에 뭔가 다른 것이 있다는 느낌을 지울 수 없었습니다. 우리는 강당 구석으로 자리를 옮겨 대화를 나누었습니다. 그녀의 이름은 멜리사였습니다. 건강 식품점에서 일하는 그녀는 만성적인 우울 상태에 빠져 있었습니다. 부정적 자기 인식과 미래에 대한 비관적 전망이 그녀의 마음을 지배하고 있었습니다. 이렇게 생각하는 그녀가 우울하지 않다면 그게 더 이상할 정도였습니다. 그녀는 어떤 책을 써야 할지 막막하다고 했습니다. 단지 쓰고 싶다는 충동만 있을 뿐이었습니다. 저는 가벼운 질문을 던졌습니다.

"어떤 책을 쓰고 싶죠?"

이 질문은 의사가 환자에게 "어디가 아프세요?" "열이 난 지 며칠이나 됐죠?"라고 묻는 것처럼 자연스런 질문입니다. 셀프 코치로서 스스로에게 물을 때도 똑같은 질문을 하면 됩니다.

"유명한 댄서가 주인공인 책을 쓰고 싶어요."

"마음에 둔 주인공이 있나요?"

"아니요, 특별히 없어요."

"소설? 아니면 자서전?"

"자서전을 염두에 두고 있어요."

"주인공은 남자인가요, 여자인가요?"

"여자예요."

"당신의 삶과는 달리, 댄서의 인생은 흥미롭다고 느꼈나보군요?"[05]

괴로워하는 사람을 보면 누구나 첫 질문으로 "어디가 아프세요?" 하고 물어봅니다. 그런데 다음에 적절한 말을 건네기 위해서는 경험과 지혜가 필요합니다. 마치 의사가 "맹장염인 것 같습니다." 또는 "장에 가스가 찬 것 같군요"라고 진찰 결과를 알려주는 것과 같은 말을 해주어야 하기 때문이죠. 아무리 조심스럽고 부드럽게 표현해도 듣는 사람에게는 상처가 될 수 있으므로 대담함도 약간 필요합니다.

멜리사의 눈에 눈물이 고였습니다. 잠시 고개를 떨어뜨리다가 다시 저를 보며 말했습니다.

"아마도……."

"멜리사, 당신이 살아온 이야기가 더 흥미진진할 것 같은데요."

"어떻게 아세요?"

"그냥 알아요."

저는 미소 지으며 말했습니다.

"개인적인 이야기만큼 흥미로운 것은 없어요. 마음속에 깊이 간직한 무엇인가를 끄집어내서 이야기로 들려준다면 그게 가장

05
이런 코멘트를 심리치료에서는 해석(interpretation) 또는 개입(intervention)이라고 합니다. 즉 해석이란 추측하는 바를 말해주는 것으로 내담자에게 중요하다고 여겨지는 무언가를 상담 테이블 위로 꺼내 올려놓는 것입니다. 이때 내담자가 방어적으로 반응하지 않도록 정중하게 말해야 합니다.

흥미롭지 않을까요?"

"맞는 말이네요."

"물론 호기심을 자극할 수 있도록 스토리도 만들고 글도 다듬어야겠지요. 그게 당신이 해야 할 일이죠."

"그게 진짜 어려운 부분이에요."

"작가 자신이 창조해낸 작품에 생명의 숨결과 아름다움을 불어넣기 전에는 그 어떤 것도 흥미롭지 않죠."

"지금까지는 댄서가 주인공인 책을 쓰겠다는 것이 제 삶의 버팀목이었어요."

"그랬겠죠."

"제 이야기를 쓴다는 게, 잘난 체하는 것처럼 보이지는 않을까요?"

"그럴 수도 있겠죠."

"그리고 저의 개인적인 삶을 많이 드러내게 되겠죠."

"그럴 수도 있겠죠."

"제가 과연 제 삶을 이야기로 풀어낼 수 있을까요?"

"사람은 누구나 의미 있는 무엇인가를 이루어낼 수 있다고 저는 믿어요."

"당신이 상담했던 사람들은 다 뭔가를 이루어냈나요?"

그녀는 웃으면서 물었다.

"다는 아니지만 많은 사람이 이루어냈죠."

"대부분 이루어냈나요?"

"어느 정도는요."

멜리사는 미소를 지으며 생각에 잠겼습니다.

"당신에게 들려주고 싶은 이야기가 하나 있어요."

"그것에 대해 말해주세요."

06 코칭
개인의 목표를 성취할 수 있도록 자신감과 의욕을 고취시키고, 실력과 잠재력을 최대한 발휘할 수 있도록 돕는 일.

제가 코칭[06] 할 때 흔히 쓰는 말 중에 하나가 "그것에 대해 말해주세요"입니다. 많은 초보 코치가 구체적인 이야기를 듣는 것을 두려워합니다. 왜냐하면 그 이야기를 듣고 난 뒤 자신이 어떻게 해야 할지 모르기 때문입니다. 초보 코치들은 신명나게 "그거 참 재미있겠는데요!"라고 말해주어야 하는지 "시장성이 별로 없을 것 같은데요"라고 비평해야 할지 잘 모르기 때문입니다. '내가 하는 말이 도움이 될까? 치료적일까?'라는 불확실한 생각 속에 빠져 내담자의 이야기를 듣고 그냥 고개만 끄덕입니다. 초보 코치가 걱정하는 것은 어쩌면 당연한 일일지도 모릅니다. 코치의 역할은 점점 더 복잡해지고, 내담자가 현재 진행 중인 프로젝트에 관해 코치가 즉각적인 코멘트를 해주어야 할 때도 많으니까요.

창의력 코치가 내리는 판단은 다음과 같은 말로 표현됩니다.

"소녀의 이야기를 쓰고 싶다고 했는데, 나이 든 여성의 관점에서 이야기를 풀어 나가는 것이 과연 좋은 생각일까요?"

"당신이 왜 나이 든 여자의 관점에서 이야기하려고 하는지 이해할 수 있어요. 하지만 그렇게 하면 당신이 말하고자 하는 소녀에 대해서는 충분히 표현하기 어려워지지 않을까요?"

"소녀가 이야기를 이끌어가야 하지 않을까요? 제3자의 관점에서 내레이션 하는 것이 더 낫지 않을까요?"

창의력 코치는 최초의 충동, 현재의 시점, 앞날의 무한한 가능성을 모두 끌어안은 채 친밀하면서도 경외감을 느낄 수 있는 창의적 제안을 내놓을 수 있어야 합니다. "그것에 대해 말해주세요"라는 저의 말에 멜리사가 답했습니다.

"학교에서 돌아온 십대 소녀가 집 안의 모든 것이 약간씩 바뀌어 있음을 알아차려요. 물병은 다른 책상에 놓여 있고, 액자도 제자리에 놓여 있지 않아요. 소녀의 엄마는 일이 끝날 시간인데도 집으로 오지 않고요. 아빠도 오지 않아요. 소설에서 제가 들려주고 싶은 이야기는……?"

"이야기는……."

"이 소녀가 부모님을 기다리는 동안에 일어나는 일들입니다. 소녀는 자신만의 즐거운 판타지 속으로 들어가죠. 그러면서 잊힌 기억, 과거에 버림받은 기억이 섬광처럼 떠오르죠. 공포를 느끼지만 놀랄 만한 즐거움도 함께 느끼죠."

"소녀의 부모에게 무슨 일이 일어난 거죠?"

"저도 몰라요."

"그건 중요하지 않기 때문인가요?"

"맞아요. 중요한 건 부모가 사라진 몇 시간 동안 소녀가 보인 반응이에요."

"그걸 소설로 쓰세요."

컨퍼런스 참가자들이 지금 쓰고 있는 작품을 발표하는 시간을 가졌습니다. 멜리사는 머뭇거림 없이 말했습니다.

"제가 지금 쓰고 있는 소설은…… 귀가가 늦은 부모를 기다리는 한 소녀가 몇 시간 동안 환상의 세계로 빠져드는 이야기입니다."

그녀는 자신의 아이디어를 부끄러워하지 않았습니다. 멜리사에게서 구속에서 풀려나 자유롭게 여행하는 영혼이 느껴졌습니다. 자신이 진정으로 원하는 작업을 할 때는 다른 누구에게 허락받을 필요가 없다는 것을 보여주는 것 같았습니다.

오늘 모습대로라면 멜리사는 소설을 계속 쓸 것 같습니다. 자기 자신과 건강한 관계를 유지할 수 있다면, 즉 자기 내면에 창의력 셀프 코치와 함께 산다면 그녀는 분명 소설을 완성할 겁니다. 완성도를 떠나 그녀는 분명 자신의 글을 쓸 것이고 마침내 완성할 겁니다. 처음 쓴 소설이 실패하더라도 절망에 빠져서 그녀의 내면에 있는 코치를 해고해버리지만 않는다면, 그녀는 아름다운 작품을 완성할 때까지 썼다 고쳤다를 반복할 것입니다.

인간은 시인과 현자가 노래하는 창공의 광채보다
자기 자신의 내면에서 반짝이는 섬광을
감지하고 보는 법을 배워야 한다.

– 랄프 왈도 에머슨

Self-Coaching 1

1. 창의력 셀프 코치로서 당신은 자기 자신에게 어떤 말을 해주고 싶나요? 현재 자신에게 가장 절실한 질문을 던져보세요. 그리고 답해보세요. 이 연습으로 자기 내면과 진정한 소통을 시작할 수 있습니다.

㉲ 셀프 코치 : 요즘 너를 가장 힘들게 하는 게 뭐지?

나 : 직장일 때문에 고민이야. 비전 없는 일을 계속해야 할지, 공부를 더 해야 할지 고민이야.

셀프 코치 :

나 :

셀프 코치 :

나 :

셀프 코치 :

나 :

셀프 코치 :

나 :

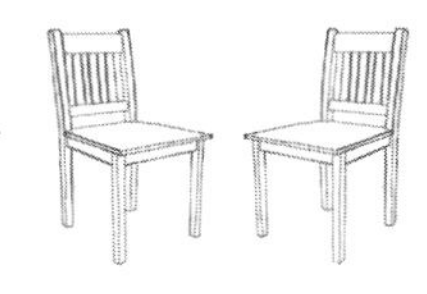

2. 창의력은 당신이 소중하게 여기는 것과 밀접하게 연결되어 있습니다. 당신이 소중히 여기는 것과 그 것이 당신에게 주는 유익이 무엇인지 적어보세요. (5가지 이상)

㊞ 나만의 서재 : 좋아하는 책들이 꽂혀 있는 서재에 들어서면 마음이 편해진다. 그러면서 평소의 고민이나 문제도 조금은 다른 각도로 생각해볼 여유를 갖게 된다.

내게 소중한 것들

①

②

③

④

⑤

Getting a grip on your mind

Week 2
부정적인 생각을 다스릴 것

생각을 다스려라. 당신이 배워야 할 것 중에 이것보다 더 중요한 것은 없습니다. 우리의 마음속에 뿌리 내리고 있는 잘못된 생각들은 우리에게 고통을 안겨주고, 내면 깊은 곳에 잠들어 있는 창의성을 일깨우지 못하도록 방해합니다. 자신이 창조한 작품을 세상에 공개했을 때 듣게 될 비평과 비난이 두려워서 작품을 소개하길 망설이게 합니다. 인생의 행복마저 앗아가는 것입니다. 잘못된 생각들은 자기 자신을 비난하는 생각, 근심과 걱정, 의심 등 다양한 형태로 나타납니다. 때로는 허세와 고집, 분노로 나타나기도 하죠. 그리고 마음속에 숨은 잘못된 생각들은 겉으로 보기에는 아무런 문제가 없는 듯 그럴싸하게 포장되어 나타나기도 합니다. 마음속에 자리 잡은 잘못된 생각을 다스리지 못하면 창의적 활동에 실패하고 맙니다. 잘못된 생각은 창의력을 일깨우기 위한 자기와의 싸움에서 반드시 물리쳐야 할 내면의 적입니다. 무엇보다 창의력 셀프 코치가 되기 위해서는 스스로 인지치료사(Cognitive Therapist)[01]가 되어야 합니다. 자신이 어떻게 생각하는지, 무엇을 생각하는지, 왜 그런 생각을 하는지, 어떻게 하면 생각을 변화시킬 수 있는지 적극적으로 관심을 기울여야 합니다. 얼핏 겉으로만 보면 잘못된 생각들이 크게 해롭지 않은 것처럼 느껴지기도 합니다. 왜냐하면 잘못된 생각들은 마음속 깊은 곳에

01. 인지치료사
내담자가 지닌 정서적 불편감 또는 행동 문제들과 관련된 역기능적 사고를 찾아내고 내담자와 협동적으로 역기능적인 사고를 수정하여, 정서적 불편감 또는 행동 문제들을 해결해 나가는 사람.

있는 두려움, 근심, 걱정을 우리 스스로 알아차리지 못하도록 그럴듯하게 포장한 채 드러내기 때문입니다. 그래서 그 실체를 단번에 쉽게 알아차리기 매우 힘듭니다. 그러면 어떻게 해야 할까요? 먼저 자기 자신에게 솔직해야 합니다. 이때 당신은 용기를 내야 합니다. 자, 다음을 연습해봅시다.

부정적인 자기대화 인식하기

불안을 숨기기 위한 방법으로 우리는 스스로에게 뭔가를 말하곤 합니다. 다음에 나열된 열한 가지는 마음속의 깊은 불안을 감추기 위해 우리가 흔히 사용하는 부정적 자기대화입니다. 열한 가지 중에서 당신에게 해당하는 것이 있는지 확인해보세요.

자기대화 1 :

"나는 아직 준비가 안 됐어."

"작업을 시작할 준비가 되어 있지 않아."

"다음 달에 새로운 레퍼토리를 연주할 준비가 되어 있지 않아."

자기대화 2 :

"○○을(를) 할 기분이 들지 않아."

"내 작품을 보여주고 싶다는 기분이 들지 않아."

"○○을(를) 하라는 조건을 내건 오디션에는 참가하고 싶지 않아."

자기대화 3 :

"컨디션이 안 좋아."

"리허설을 시작해야 하는데 컨디션이 안 좋아."

"오늘 밤에 클라이언트를 만나야 하는데 컨디션이 안 좋아."

자기대화 4 :

"생각을 제대로 집중할 수가 없어."

"학기말 리포트를 써야 하는데 집중할 수가 없어."

"토의 시간에 집중하지 못하고 늘 멍한 상태로 시간을 흘려보내는 것 같아."

자기대화 5 :

"나는 ○○을(를) 할 수가 없어."

"유명한 아티스트에게 내 작품을 봐달라는 말을 못 하겠어."

"날씨가 더운 날에는 작업을 제대로 할 수가 없어."

자기대화 6 :

"뭐라고 말해야 할지 모르겠어."

"사람들이 내 작품을 보고 좋다고 할 때 뭐라고 반응해야 할지 모르겠어."
"쓰고 싶은 글이 있는데 어디서부터 시작해야 할지 모르겠어."

자기대화 7 :

"○○을(를) 한다는 것은 의미가 없어."
"왜 오디션을 봐야 하는지 모르겠어. 나에겐 의미 없는 배역이야."
"클라이언트한테 말한다고 해서 달라질 것은 없어. 의미 없는 일이야."

자기대화 8 :

"이건 너무 어려워 보여."
"그 작업은 내겐 너무 어려워."
"단편소설은 쓸 수 있겠지만 장편은 무리야."

자기대화 9 :

"뭐가 뭔지 모르겠어."
"이번 수업이 토의하고 비평하는 시간인지 몰랐어."
"수업 계획표에 실제로 관중 앞에서 연기한다는 것은 나와 있지 않았어."

자기대화 10 :

"○○라면 더 잘할 수 있는데……."

"○○을 잘 아는 감독과 함께하면 좀 더 잘할 텐데……."
"작품의 규모가 더 작다면 잘할 것 같은데……."

자기대화 11 :
"맞긴 하지만, 그래도……."
"리포트를 완성해야 하지만 아직 이틀이나 남았는걸 뭐."
"맞아, 오디션에 참가해보겠지만 합격은 못 할 것 같아."

혹시 당신도 이런 부정적인 생각을 하나요? 만약 그렇다면, 그 사실을 알아차리는 것만으로도 큰 차이를 만들어낼 수 있습니다. 인지치료의 창시자인 애론 벡[02]은 다음과 같이 말했습니다.

02. 애론 벡
미국의 정신과의사, 왜곡되고 역기능적인 사고가 심리·정서적 장애를 일으킨다고 보며, 이를 교정하기 위해 구조화되고 단기적이며 현재 지향적인 인지치료를 개발했다.

> 한 환자가 자신은 매번 실수를 저지를 때마다 우울해지는데, 자신이 왜 이렇게 우울해지는지 이해할 수 없다고 말했다. 그는 실수를 저지르는 것은 잘못이 아니며 삶에서 피할 수 없는 부분임을 충분히 이해하고 있었다. 그에게 실수를 한 다음, 불쾌한 감정이 느껴질 때 떠오르는 생각에 초점을 맞춰보라고 지시했다. 그다음 상담에서 그는 실수를 할 때마다 자기 자신에게 '나는 바보야. 제대로 하는 것이 없어. 어쩌면 이렇게 멍청할 수 있지?' 라는 말을 한다는 것을 발견했다고 했다. 이런 생각을 할 때마다 그는 우울해졌던 것이다. 자기비난이 얼마나 비이성적이고 근거가 없는 것인지 깨달으면서 우울감에서 벗어날 수 있었다.

로버트 보이스 심리학과 교수는 구상이 떠오르지 않아 애를 먹는 작가들에게 "우선 자신이 갖고 있는 잘못된 생각을 알아차리고,

그것을 자신에게 도움이 되도록 바꾸어야 한다"고 조언합니다.

> 슬럼프에 빠진 작가들의 사고 패턴을 보면, 글쓰기에 방해가 되는 부정적 사고를 많이 한다. 이런 상태에서 작가들은 글쓰기를 회피하기 위한 생각('세금을 내야 하고, 세차를 해야 하고, 사람들도 만나야 해서 글 쓸 시간이 부족해')이나 자신의 작업을 평가절하 하는 생각('요즘 출판된 책들은 대부분 쓰레기야. 왜 나까지 여기에 동참해야 하지?'), 또는 아예 엉뚱한 생각('내일 저녁에는 뭘 먹지?' '어디로 여행을 가면 좋을까?')으로 주의를 분산시키기도 한다.
> 상담 초기에는 이런 생각들이 얼마나 시간을 낭비하게 하고, 걱정과 자기회의를 유발하는지, 그리고 이것이 작업을 얼마나 방해하는지 깨닫게 하는 데 초점을 둔다. 상담이 진행되면 모델링(이상적으로 생각하는 역할이나 행동을 모방하는 것)이나 다른 기법들을 활용해서 내담자가 더 긍정적이고 편안하게 생각을 바꾸도록 도와준다. 이렇게 함으로써 그들 본연의 임무인 창작 활동에 몰두하도록 도와줄 수 있다.

03. 셀프 코치가 되는 3단계
1. 나의 생각 점검하기
2. 부정적인 생각 반박하기
3. 부정적인 생각을 유용한 생각으로 바꾸기

이제 창의력 셀프 코치가 되기 위해서 다음의 3단계 과정[03]을 살펴봅시다.
첫 번째, 자신의 생각을 점검해보면서 그중에서 자기 자신에게 도움이 되지 않는 것들을 확인합니다. 불안이나 걱정을 숨기기 위해 자기도 모르게 내뱉는 부정적 자기대화를 확인합니다. 그러한 부정적 자기대화 속에 숨어 있는 것이 무엇인지 알아채야 합니다.
두 번째, 자기 자신을 괴롭히고 스스로를 평가절하 하는 자기 파괴적인 생각에 적극 반박해야 합니다. 예를 들어 부정적인 생각이 떠오른다면 혼잣말로(혹은 큰소리로) "나는 그런 것을 믿지 않아. 그렇지 않아. 그건 잘못된 생각이야!"라고 말해야 합니다.

세 번째, 부정적인 생각을 창의적 활동에 도움이 되는 유용한 생각으로 바꿔봅니다. 다음의 예처럼 말입니다.

자기대화 1 :

'글의 전체 윤곽에 따라가려고 하니 글을 써 나갈 수가 없어. 너무 큰 그림을 생각하면 번쩍이는 열정에 따라 글을 쓸 수 없을 것 같아.' - 부정적 자기대화

'아니야, 그렇지 않아. 이건 내가 쓰려는 글의 전체 윤곽에 관해 확신이 없고 불안하기 때문이야. 불안해서 도망치기 위한 핑계를 대는 거야.' - 부정적 자기대화에 대한 반박

'나는 글의 전체적인 윤곽에 따라 글을 쓸 수 있어. 또 미리 생각해둔 큰 밑그림 없이 느끼는 대로 글을 쓸 수도 있어. 나는 목욕탕에서 비누를 가지고도 글을 쓸 수 있어! 글을 써야 하는 상황이라면 어떤 방식으로든 글을 쓸 수 있어! 오늘 내가 해야 하는 일은 마음을 차분히 가라앉히고 냉정하게 앉아서 어떻게 쓸지 구상하고, 지금 당장 글을 쓰기 시작하는 거야.' - 긍정적 생각 전환

자기대화 2 :

'어떤 사람들은 글쓰기를 쉽게 생각하는 것 같은데 나에게는 아주 어려운 일이야. 그러니까 나에게 작가라는 직업은 어울리지 않는 것 같아.' - 부정적 자기대화

'오! 그래, 아주 좋은 핑계네.' - 부정적 자기대화에 대한 반박

'쉽게 써질 때도 있지만 그렇지 않을 때도 있지. 인생이란 게 원래 그렇잖아. 어디 글 쓰는 일만 그렇겠어.' - 긍정적 생각 전환

자기대화 3 :

'아침식사 시간 전에는 도저히 글을 쓸 수 없어. 배가 고프면 집중할 수가 없어.' - 부정적 자기대화

'그런 생각은 귀여운 핑계에 불과해!' - 부정적 자기대화에 대한 반박

'나는 아침이건 오후건 저녁이건 언제든지 글을 쓸 수 있어.' - 긍정적 생각 전환

단순한 것 같지만 이렇게 연습하다 보면 자기 자신과 의미 있는 대화를 주고받음으로써 스스로를 단련시킬 수 있습니다. 도전하지 않으려는 마음을 나 자신에게 말을 걸어서 설득해야 합니다. 마음속의 두려움, 의심, 불안을 감추기 위해, 부정적 자기대화 속에 숨어 있는 의미를 이해하기 위해 훈련을 계속해야 합니다. "배고프다"는 말이 "다음에는 어떤 그림을 그려야 할지 모르겠어"라는 의미일 수 있습니다. "남편에게 화가 많이 났다"는 말은 "그래픽 디자이너의 길을 선택한 내 자신에게 화가 난다"는 의미일 수 있습니다. "창작활동을 할 시간이 없어"라는 말은 작업에 대한 의미와 가치를 느끼지 못해서 하는 말일 수 있습니다. 스스로에게 늘어놓는 변명이나 방어적인 태도가 진정으로 무엇을 의미하는지 깨닫는 데는 시간과 용기, 이 두 가지가 필요합니다. 우리 생각의 대부분은 자기창조의 과정을 거쳐서 만들어집니다.

즉, 당신이 갖고 있는 생각의 대부분은 당신에 대해 스스로 생각하던 것들의 반영입니다. 이것은 분명히 드러나기도 하고 숨어 있기도 합니다. 우리의 뇌가 감각기관을 통해 들어온 정보를 검증하는 과정에서 (의식적 혹은 무의식적으로) 과거의 일들과 현재의 생각들이 복잡하게 엉킵니다. 뇌의 활동은 과거 경험과 기억에 영향을 받기 때문입니다.[04]

예를 들어보겠습니다. 한 여성이 길을 가다가 빨간색 옷을 입은 여자를 보면서 '너무 예뻐'라고 생각하며 우울해졌다면 그 느낌 속에는 '나는 살이 쪘어. 나는 못생겼어!'라는 생각이 숨어 있기 때문입니다. 만약 우리의 생각 이면에 자신을 비난하고 괴롭히는 부정적인 것들이 숨어 있음을 이해하지 못한다면 스스로에게 감정적인 상처를 주고 결국 창의적 활동에 몰두할 수 없게 됩니다. 따라서 부정적인 생각의 의미를 깨닫고, 이것을 적극적으로 반박하면서 감정적으로 상처받지 않도록 자기 자신을 보호해야 합니다.

폴 새몬과 로버트 메이어는 수행불안(performance anxiety)[05] 치료에 인지행동적 접근을 시도했습니다. 다음은 그들이 치료한 내담자의 이야기입니다. 오르간 연주자인 다이앤은 곡을 암기해서 연주하는 것을 두려워했습니다. 몹시 걱정한 나머지 좋은 기회가 왔는데도 연주하지 않으려고 했습니다. "나는 암기력이 떨어져요"라고 말하며 자신에게 문제가 있다고 말했습니다.

다이앤은 좌절감을 느끼게 하고 용기를 잃게 만드는 부정적인 생각이 어떻게 형성되고 표현되는지를 이해하게 되었습니다. 그리고 부정적인 생각이 떠오르면 이것을 의식적으로 멈추게 하

04
이 과정에서 현재 지각되는 감각과 생각은 끊임없이 검증되고, 기존의 사고체계와 비교되므로 뇌에서는 있는 그대로 인식될 수 없습니다.

05. 수행불안
특정한 일을 수행할 때 긴장감이 발생하고, 더불어 자신을 바라보는 다른 사람들의 시선을 의식하여 불안한 경우를 말한다.

기 위한 '사고 중지(thought stopping)' 기법을 활용했습니다. 부정적인 생각이 떠오르면 의식적으로 반박해서 머릿속에서 몰아내는 것입니다.

부정적인 생각을 확인하고 반박한 뒤, 세 번째 단계에서는 그것을 긍정적인 생각으로 바꿉니다. 가장 간단한 방법은 어떤 상황에서나 사용할 수 있도록 자기만의 긍정문을 준비하는 겁니다. 긍정문을 기억해두었다가 부정적인 생각이 들 때마다 그것을 긍정문으로 바꾸는 것입니다. 다음과 같이 연습해보겠습니다.

부정적인 생각을 긍정문으로 대체하기

부정적인 생각을 바꾸는 긍정문은 짧고 간단할수록 좋습니다. 선서할 때 활용되는 문구처럼 말입니다. 이런 문구는 생각을 낙관적인 방향으로 움직이게 하고, 목표를 달성하기 위한 행동을 이끌어냅니다. 아래의 짧은 긍정문이 평소에 자주 떠오르는 부정적인 자기대화를 대신할 수 있습니다.

나는 괜찮아.
나는 내 재능을 믿어.
있는 그대로 나를 받아들이자.

자기 패배적인 생각이 떠오르려고 할 때마다 활용할 수 있도록 두세 가지 긍정문을 준비해두면 좋습니다. 우리가 가지고 있는 부정적인 생각, 자신도 모르게 떠오르는 자기 패배적인 생각을 확인하고, 이것을 의식적으로 반박한 뒤 긍정문으로 바꾸는 것은 중요한 훈련입니다. 더 바람직한 것은 부정적인 생각의 원인이나 숨은 의미를 이해하는 것입니다. 예를 들어 '피곤해서 그림을 그릴 수가 없어'의 진짜 의미는 '그림을 그려야 하는 특별한 이유가 생각나지 않아!'일 수 있습니다. 그러므로 부정적인 생각의 뿌리를 찾아서 마음 깊은 곳에서부터 근본적인 변화를 꾀하는 것이 더 효과적입니다.[06]

긍정적인 생각의 뿌리에서 긍정적인 생각이 자연스럽게 자라나도록 하는 것이 이 훈련의 목적입니다. 이런 이상적인 사고의 흐름을 갖기 위해서는 다음과 같은 것이 필요합니다. 진리와 아름다움, 선량함을 가슴에 품고 실수와 실패를 두려워하지 않으며, 어떤 난관에도 내면의 지혜를 믿어야 합니다. 게으름을 떨치고 자신의 일을 존중해야 합니다. 현실을 인정하고, 비판을 이겨내고, 끈기 있게 밀고 나갈 수 있도록 스스로를 보호해야 합니다. 이런 마음은 이미 우리 내면에 존재하므로 마음의 소리에 귀 기울인다면 누구나 실천할 수 있습니다.

'생각을 다스려라.' 이 말에는 두 가지의 상호 보완적인 의미가 담겨 있습니다. '부정적인 생각을 떨쳐내고 긍정적인 생각을 채워나가라'는 것입니다. 창의력 셀프 코치로서의 임무는 이 두 가지를 훌륭히 수행하는 것입니다.

06
창의적인 활동을 하는 이유가 분명하고, 실수나 실패를 두려워하지 않는다면 부정적인 생각은 그 힘을 잃습니다. 이렇게 된다면 상담을 받지 않고도 자기 자신을 돌볼 수 있습니다.

부정의 나무를 긍정의 숲으로 본다

습기 차고 무더운 7월, 세계에서 가장 규모가 크다고 알려진 사바나대학의 아트디자인스쿨(Savannah College of Art and Design, SCAD)에서 열리는 워크숍에 참석했습니다. 일주일을 머무르는 동안 이 학교의 여러 사람들을 교육할 기회가 있었습니다. 교직원들과의 일정은 두 시간의 토론으로 짜여 있었습니다. 여름방학 중일 뿐더러 불볕더위가 기승을 부리는 금요일 오후였으므로 과연 누가 워크숍에 참석할까 꽤 궁금했습니다. 교육에 참가한 사람들의 마음이 저와 같았다면 강의를 듣지 않고 얼음이 든 시원한 음료수를 마시며 사색을 즐겼을 겁니다.

그런데 놀랍게도 제 예상을 비웃듯 50명이나 강의에 참석했습니다. 강의가 끝나고도 참석자들은 자리를 떠나지 않았습니다. 저와 이야기를 나누고, 제 책을 가져온 사람들은 사인을 받기도 했습니다. 그중 교직원 한 명이 눈에 띄었습니다. 그는 저와 개인적인 대화를 나누고 싶어 했습니다.

"저는 이 학교의 교수는 아니에요. 조지아대학에서 수학을 가르칩니다. 자신을 용서하는 것에 관한 선생님의 책 이야기를 나누고 싶어서 일부러 여기까지 왔습니다. 10분 정도 시간을 내주실 수 있겠습니까?"

구석진 곳에 놓인 테이블로 자리를 옮긴 후 그는 정식으로 자기소개를 하며 말문을 열었습니다. 그의 이름은 마틴이었습니다.

"제 생각을 말로 표현하기가 쉽지 않네요."

"말하기가 괴롭다는 뜻인가요, 아니면 뭘 말하고 싶은지 잘 모르겠다는 뜻인가요?"

"둘 다입니다. 세상이 저를 장난감처럼 갖고 놀았다는 것 때문에 괴롭고, 다른 한편으로는 제가 앞으로 어떻게 해야 할지 모르겠다는 겁니다."

"괴로운 이유를 조금 더 자세히 말씀해주세요."

"저는 수학의 한 세부 분야인 엘가 변환식(Elgar Transformational Equation)을 전공했습니다. 사실 이것은 대단히 정밀한 이론으로 스트링 이론(String theory)과도 연관됩니다. 누구라도 이것을 증명한다면 수학과 물리의 새로운 발견을 가져오는 도구를 얻게 될 겁니다. 20년 전 박사후과정에 있을 때부터 이 이론에 매료돼 연구하기 시작했지만 최근 3, 4년 동안 이 이론은 괴물이 되어버렸습니다. 아니, 벌써 5년째예요. 이 이론은 틀린 것으로 증명되고 있습니다. 비록 제 동료 몇 명은 어떻게 조금만 고치면 유용한 방정식이 될 수 있다고 믿고 있지만 젊은 수학자들은 대부분 더 획기적이고, 안정되고, 훨씬 정확하다고 여겨지는 타나카 변환식(Tanaka Transformational Equation)으로 옮겨갔어요. 틀린 것 같은 저의 전공과는 반대되는……."

저는 마틴이 제 과거 이력을 들으면 깜짝 놀랄 거라고 생각했습니다. 사실 저는 천문학자를 꿈꾸며 과학고등학교에 진학했습니다. 2학년 여름방학 때는 하이든 플라네타리움에서 벡터 계산법의 수업을 들을 정도로 과학에 빠져 지냈습니다. 4학년 때는 독서 감상문으로 뉴턴의 수학 법칙을 선택하기도 했죠. 그래서 저는 마틴의 처지를 공감할 수 있었습니다.

"당신이 오랫동안 연구해온 이론이 잘못된 것으로 평가받고 있군요. 참 불공평해 보이네요."

"세상이 저를 조롱하는 것 같아요."

마틴은 매우 슬퍼했습니다.

"당신이 바보처럼 느껴지나요?"

"완전 멍청이 같아요."

"당신에 관한 평판은 어떤가요?"

"저에 관한 평판 같은 건 없어요."

"그렇다면 지금이라도 주류에 있는 다른 분야로 전공을 바꾸어 보는 것은……."

"그렇게 할 수는 없어요. 수학은 공부해야 할 것이 너무 많아요. 아주 복잡하고, 또 상상을 초월하는 방정식들이 널려 있어요. 저는 저의 수학 이론조차도 간신히 이해하는걸요. 전공 분야를 바꾼다는 것은 이제까지 아이슬란드어밖에 쓰지 않았는데 갑자기 중국어를 배우라고 하는 것과 같아요."

"다른 전환식이 더 정확하다는 보장은 있나요?"

"아니요! 모든 스트링 이론 자체도 의문시되고 있어요. 애써 중국어를 배웠더니 제게 필요한 것은 이탈리아어였다는 거죠. 아마도……."

마틴은 주저했습니다.

"확률로 이야기하는 것이 우습게 보일지 몰라도 타나카 이론이 맞을 확률은 50대 50이라고 봐요. 어쩌면 약간 더 높을 수도 있고요."

"당신의 말은 어떤 이론이 맞을 가능성만 보장된다면 그 이론을 배우기 위해 노력할 거라는 뜻인가요?"

"잘 모르겠어요."

마틴이 무뚝뚝하게 답했습니다.

"하지만 당신이 원하면 배울 수도 있지 않나요?"

"모르겠어요."

"결국 이런 말씀인가요? 당신이 인생의 의미를 찾는 분야는 수학입니다. 당신은 수학을 좋아했고, 모든 지적 능력을 쏟아 부었을 뿐 아니라 특정 이론을 택해 평생의 과업으로 삼았어요. 왜냐하면 그것은 아름다웠고, 그것이야말로 진정한 수학이라고 직감했기 때문입니다. 또한 엘가 변환식에 대한 기대도 컸기 때문이겠죠. 당신이 훌륭한 경주마라고 생각한 서러브레드(Thoroughbred, 순혈종의 말)에 인생을 걸었지만 경주에서 졌어요. 그렇다면 이제 당신은 당장 새로운 인생의 의미를 찾아야만 해요."

"아무것도 없어요. 난 끝장이에요."

"타나카 변환식이든 다른 이론이든 그것에 흥미를 느끼나요?"

"흥미 있냐고요? 무슨 뜻인지 잘 모르겠어요."

"좋아할 수 있겠어요? 이 방정식을 연구하고 빠져들고 음미하는 것을 상상할 수 있나요? 아니면, 혹시 수학에 질리지는 않았나요?"

마틴은 잠시 생각에 잠겼습니다.

"다른 방정식에는 관심이 없어요. 더는 어떤 변환식에도 흥미를 느끼지 못하겠어요. 수학이 싫어졌나 봐요."

저는 마틴이 바로 이 중요하고도 새로운 사실을 받아들이기를 기다렸습니다.

"하지만 제 직업은 수학을 가르치는 것입니다. 이것이 제가 제 두뇌를 이용하는 방식이고요. 그렇지 않다면……."

"당신에게는 테뉴어[07] 가 있어요. 적당히 학생들을 가르칠 수도 있잖아요? 누가 뭐라고 하겠어요?"

07. 테뉴어
대학에서 교수의 평생고용 즉 종신 재직권을 보장해주는 제도. 교수로 임용된 뒤 일정 기간 동안의 연구 실적과 강의 능력 심사를 통해 결정된다.

"뭐라고요?"

마틴이 깜짝 놀랐습니다.

"새롭게 빠져들 만한 뭔가를 찾아내야 하는데 단순히 생계유지를 위해 수학을 계속 가르쳐야 한다면 성의 없이 수업을 하거나, 아예 수업을 취소해버리는 일도 생기지 않을까요? 어쩌면 아침부터 위스키를 마실지도 모르죠. 다시 한 번 생각해보는 게 좋지 않을까요?"

마틴은 주의 깊게 이야기를 들은 뒤 이렇게 말했습니다.

"제가 당신의 말을 제대로 이해했다면, 당신은 내가 새로운 목표를 찾아야 하고, 계속해서 학생들에게 수학을 가르친다면 성실하게 가르칠 수 있는 다른 방법을 찾아야 한다는 건가요?"

"바로 그거예요."

마틴은 소리쳤습니다.

"지난 25년간 엘가 변환식을 연구해왔어요. 25년이라고요!"

"방금 전에 말한 말투도 내용도 아주 용감했습니다. 하지만 이제부터는 당신의 마음을 다스려야 합니다."

"최악이에요. 정말 최악이라고요."

마틴이 목소리를 낮춰 말했습니다.

"경주에서 우승할 수 없는 아름다운 경주마를 고른 개인적 비극이라고 할까요? 지금 당장 안장에서 내려와 땅에 주저앉아 쓰라린 눈물을 흘린 다음, 다시 일어나 새로운 목표를 찾아야 합니다."

마틴은 거의 울음을 터뜨릴 것 같아 보였습니다.

"수피교[08]에 옛날부터 전해 내려오는 말이 있습니다. '너는 메카

08. 수피교
이슬람교의 신비주의적 분파. 전통적인 교리나 율법이 아니라 현실적인 방법을 통해 신과 합일되는 것을 최상의 가치로 여긴다.

에 도착하지 못할 것이다. 오, 노마드여! 네가 가는 길은 트루케스탄으로 가는 길이다.' 당신은 지금까지 걸어왔던 길에서 멈춰야 합니다. 그리고 새로운 목표를 찾아야 해요. 반드시 그렇게 해야 합니다."

잠시 뒤 그에게 다시 물었습니다.

"진정으로 좋아하는 것이 뭐죠?"

"바흐를 좋아해요."

"그래요?"

"바흐의 평균율 클라비어를 근사하게 연주하고 싶어요."

"좋은 도전이긴 한데, 삶의 목표가 될 수 있을까요?"

잠시 생각을 하고 난 마틴이 결심한 듯 입을 열었습니다.

"진화론에 관해 이해한 후 내가 진화론적 관점에서 어떤 위치에 있는지를 알고 싶어요. 진화론의 이론적 논쟁에 관해 잘 알아요. 단속 평형설(진화론의 가설 중의 하나)에 관해서도 잘 알고요. 그것이 왜 가장 앞서가는 이론인지 이해하고 있습니다. 사람들이 왜 진화론에 만족하지 못하는지, 창조론자들로부터는 지지를 받는 창조론의 세련된 변형인 디자인 이론이 왜 매력적인지 알거든요. 어쩌면 모든 진화론 고생물학자들조차 모르는 것을 제가 알 수도 있고요. 어쩌면 이 분야의 학자들조차 정확히 모를지 몰라요. 이 모든 것이 저 같은 순수한 초심자에게 연구 활동의 좋은 무대가 될 수 있지 않겠어요?"

"지적인 목표네요."

마틴의 이야기에 맞장구쳐준 뒤 다시 물었습니다.

"그런데 당신의 솔직한 생각은 어떤가요?"

"저는 이미 마흔여덟 살이에요. 과학자들은 젊은 시절에 위대한 발견을 하지요."

저는 마틴에게 주문하듯 말했습니다.

"그건 잘못된 생각이에요. 마음을 다스리고 생각을 바꿔보세요."

마틴이 대꾸했습니다.

"그래요. 나는 아직 젊어요. 그리고 50대에 위대한 성과를 올린 과학자들도 분명 있습니다."

"훨씬 낫네요. 다시 한 번 더 시도해보죠."

마틴에게 다시 이야기하도록 했습니다.

"나는 젊고 앞으로도 내가 할 일은 많이 있습니다."

마틴이 소리치듯 이야기했습니다.

"아주 좋습니다. 지금 한 이야기를 글로 적어보세요."

마틴은 메모장을 꺼내 이 문장을 글로 옮겨 적었습니다. 그리고 덧붙여 이야기했습니다.

"제가 가진 또 다른 부정적인 생각이 있어요. 나는 수학자인데 다른 과학 분야에 발을 들여놓는 것은 바보 같은 짓이야. 그건 그들의 영역이야."

"좋습니다. 그런 부정적인 생각을 대신할 수 있는 긍정적인 생각은 뭐죠?"

"대체 학문에 영역 따위가 어디 있어! 사고하는 모든 사람이 자연과학자던 시절이 있었잖아. 그 시대의 사람들은 철학, 생물학, 물리, 예술 등 모든 영역을 넘나들었지. 학문의 영역, 전공 분야 다 집어치우라고 해!"

"아주 좋아요. 최고예요! 아주 잘했어요. 그밖에 또 당신을 방해하는 부정적인 생각들은 어떤 것이 있죠?"

다시 물었습니다.

"전부 생각해낼 수는 없지만, 부정적인 생각이라는 것이 어떤 특징이 있는지 어렴풋하게 알 것 같아요. 나는 화가 났고 좌절했으므로 앞으로 더 나아갈 수 없었어요. 속았다는 기분이 들었지요. 수학이 다른 어떤 지적 탐구보다 의미 있고 고상하다고 생각했는데 속았다는 기분에 빠져 있었던 거죠. 나의 정신을 깨우기 위한 새로운 주문이 필요해요. 예를 들어 이런 거죠. 생각이 향하는 곳으로 갈지어다."

"근사해요. 만약 수학의 새로운 분야에 더 많은 연구가 필요하다면, 만약에 그렇다면……."

마틴이 제 말을 가로막으며 말했습니다.

"많은 것과 '너무' 많은 것은 달라요. 그 차이를 깨닫게 되었어요. 많다고 생각되는 것은 괜찮지만 '너무' 많은 것은 잘못된 거죠. 예를 들어 내가 이론 물리학을 한다면 나무 하나 하나를 잘 들여다봐야겠죠. 하지만 세세한 부분까지 지나치게 들여다볼 필요가 없는 분야에서도 내가 흥미를 느끼고 활동할 만한 영역이 있다는 것을 알게 되었습니다. 나무가 아니라 숲을 봐야 하는 것처럼 말이죠. 마치 전문적인 과학자라기보다는 현명한 과학 전문저술가처럼 말이죠. 전체적으로 어떻게 흘러가는지 잘 이해하니까요."

"그렇군요. 자, 상담은 이것으로 끝났습니다."

"에릭, 이제야 변환식에서 해방된 느낌이에요."

"그렇지만 당신은 계속해서 명예롭게 학생들을 가르쳐야 합니다."

"물론이죠."

"자신과 어울리지 않는 경주마를 타고 시합하면서 오랜 시간을 보냈다는 것은 마음 아프겠지만, 당신이 계속 전진해 나간다면 그 고통은 점점 줄어들 겁니다."

"알아요. 내게는 아직도 새로운 것을 생각하고 연구할 수 있는 시간이 40년이나 남았는걸요. 테뉴어, 멋진 인생, 그리고 나에게 주어질 굉장한 기회들. 멋지죠!"

"귀중한 시간을 내주신 것에 대해 어떻게든 답례를 하고 싶어요."

"그럼, 조지아대학의 기념품을 보내주세요."

마틴과 짧은 상담을 끝낸 후 사바나에서 집으로 돌아왔을 때, 조지아대학의 상징인 불독 머그잔 세트가 저를 기다리고 있었습니다.

한때는 불가능하다고 생각한 것들이 결국에는
가능한 것이 되어 나타난다.

– K. 오브라이언

Self-Coaching 2

1. '이번 일도 안 될 거야.' '나는 늘 운이 안 좋았어.' 이처럼 나 자신에게 습관적으로 부정적인 말을 하고 있나요? 흔히들 불안을 감추기 위해 부정적인 자기대화를 자주 합니다. 말 한마디가 자신도 모르게 말 그대로 자신을 물들입니다. 습관적으로 부정적인 말을 하고 있다면, 먼저 부정적인 말을 하고 있는 자신을 알아차리는 것이 중요합니다.

   평소 나 자신에게 자주 하는 부정적인 말을 써보세요. (5가지 이상)

   ㊀ 이번 프로젝트가 쉽지 않을 것 같아. 왠지 불안한 느낌이 들어.

①

②

③

④

⑤

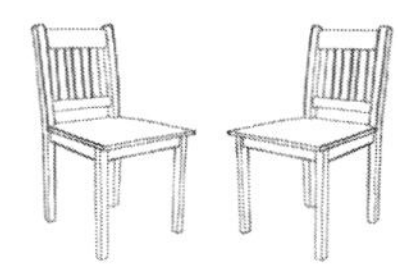

2. 긍정적인 심리자원을 풍부하게 갖추고 있다면, 그만큼 적절한 상황에서 찾아 쓸 수 있습니다. 자기 부정적인 생각이 머릿속에 들어오려고 할 때마다 바로 활용할 수 있는 자기만의 긍정문을 만들어보세요. (3가지 이상)

㉠ 이 또한 지나가리라.

나만의 긍정문

①

②

③

Eliminating dualistic thinking

Week 3
이분법적 사고를 멀리할 것

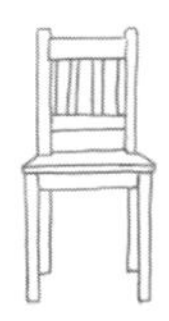

앞서 잘못된 생각이 창의성을 어떻게 앗아가는지 살펴보았습니다. 부정적 자기대화가 대표적인 예입니다. 사람들은 자신이 부정적 자기대화를 한다는 것을 어렴풋하게나마 인식하고 있습니다. 누구나 한두 번쯤은 부정적 자기대화를 없애려고 노력했을 겁니다. 이번에 살펴볼 잘못된 생각은 '이분법적 사고'입니다. 이분법적 사고를 이해하고 없애는 것은 부정적 사고방식을 뿌리 뽑는 데 매우 중요합니다.

우리에게는 창의적 활동을 해야 하는 절실한 이유가 있습니다. 바로 마음속에 오랫동안 간직해온 꿈을 현실에서 이루기 위해서입니다. 잠재력이 충분히 발휘될 때, 지적으로 충만한 삶을 살 때, 우리는 행복감을 만끽하며 눈부신 활동을 합니다.

반면 창의적 활동을 방해하는 것들도 많습니다. 창의적인 작업이란 힘든 노동입니다. 고단한 노력이 필요합니다. 익숙한 태도나 기술 이상의 무언가가 필요합니다. 때로는 불안감에 휩싸이기도 하고, 실수가 뒤죽박죽될지 모른다는 불확실성 속에 자신을 던져야 합니다. 사람들은 대부분 긍정적인 것보다 부정적인 것에 압도되기 쉽습니다. 그 이유 때문에 무엇인가를 창조하기를 회피합니다. 자신의 재능이나 신념이 필요한 일보다는 간단하고 다루기 쉬워 보이는 일을 선택합니다. 단지 소수의 사람이 긍정적 속성과 부정적 속성을 함께 갖고 있는 과업을 선택합니다. 저는 당신이 이런 소수에 해당하는 진정한 크리에이터가 되고자 할 것이라고 확신합니다.

당신이 창의적 삶을 살기로 결심했다면, 가고자 하는 길을 가로막는 힘들과 싸워 이기기 위해 모든 노력을 다해야 합니다. 창의적 활동을 방해하는 힘은 개인의 내면에서, 그가 속한 문화에서, 단지 이 세상에 존재하고 있다는 사실 그 자체에서도 생겨납니다. 창조하기 위해서는 무엇보다 이분법적인 구분을 넘어서야 합니다. 서로 상반되는 속성 중에 어느 하나만을 선택하려는 압력을 극복해내야 합니다. 과정이냐 결과냐, 단순성이냐 복잡성이냐, 규칙이냐 자율이냐, 하는 이슈들은 창의적 활동에서 항상 부딪히게 되는 이분법적 구분입니다. '어느 한쪽을 선택하겠다'가 아니라 양쪽을 다 받아들여야 합니다. 서로 상반되는 양쪽 측면이 갖고 있는 각각의 진정한 가치를 모두 수용해야 합니다. 그렇게 해야 통합적인 창조자, 홀리스틱 크리에이터(holistic creator)[01]가 될 수 있습니다.

01. 홀리스틱 크리에이터
한 가지만을 수용하여 창작하는 사람이 아닌, 전체적인 관점, 다양한 측면을 수용하여 창작하는 사람.

제가 상담했던 예술가들이 결과보다 그 과정이 더 매력적이었다고 할 때(물론 반대로 이야기한 사람도 있습니다), 또는 복잡성보다는 단순성을 선호한다(역시 반대일 때도 있습니다)고 말할 때마다 몇 가지 생각이 떠오릅니다. '이 사람은 핑계를 대는 습관에 젖어 있는 게 아닐까?' '창의적 활동을 해가는 과정을 완전히 이해하지 못하는 것은 아닐까?' '아이디어들이 자주 막히지는 않을까?'

도교에서는 음양의 원리[02]를 이해하고, 음양의 에너지를 상황에 맞춰 적절히 활용해야 한다고 합니다. 진정 창의적인 삶을 원한다면 지금 하는 작업에 이원적 요소를 모두 다 활용할 줄 알아야 합니다. 상반된 측면, 다시 말해 대극(opposite poles)을 모두 존중해야 합니다. 어느 한쪽을 간과하거나 거부한다면 아직까지 창조라는 이름의 기차에 올라타지 못한 사람입니다.

02. 음양의 원리
모든 현상이 음(陰)과 양(陽)의 상으로 운행된다는 원리(위-아래, 높고-낮음, 여자-남자). 음(陰)과 양(陽)이 확장하고 수축함에 따라 우주의 운행이 결정된다고 본다.

설령 창조라는 기차에 올라탔더라도 어느 날은 "과정이 중요해", 다른 날은 "결과물이 중요해"라고 할 겁니다. '영적이냐 유물론적이냐' '존재냐 행위냐' 하는 추상적이고 공허한 이분법적 구분에 신경 쓰지 않고, 인생의 소명과 현재 눈앞에 놓여 있는 '그' 프로젝트에 초점을 맞추고 몰입해야 합니다. 이런 이분법적 구분은 실재적이기보다 착각이나 환상에 가깝습니다. 진짜 문제는 이분법적 구분을 자신이 진정으로 추구하려는 소명에서 도망가기 위한 핑계로 이용한다는 것입니다. 이런 사람은 추상적 언어와 추상적 이분법을 불안감을 해소하고 주어진 과업을 회피하려는 위장술로 이용합니다.

어떤 사람은 창의적이어야 한다는 강박감 때문에 이분법적 언어를 사용합니다. 창의적 활동을 위해 고군분투하지 않고 실패의 고통을 두려워해서 '성공'보다는 '과정'을 존중해야 한다고 목소리를 높입니다. 자기 앞에 놓인 작업에 몰두하지 않고, 한 달간의 휴가 또한 '과정'으로써 중요하다고 선포해버립니다. 깊이 사색해야 하는데도 '단순함이 성공의 여왕'이라고 단정하듯 외칩니다. 그러면서 문제가 단순명료해질 때까지 기다린다고 말합니다. 도교의 원칙에 따르면 '음'과 '양' 중에 하나만 선택해야 한다는 것은 잘못된 논리입니다. 이것은 더러운 접시들이 싱크대에 쌓여 있는데도 "이건 여자가 해야 할 일이야"라고 큰소리치며 설거지를 하지 않고, 수학 문제를 두고 "수학에는 남자가 강해요"라며 도망치는 것과 다를 바 없습니다.[03]

03
인간이라면 누구나 설거지도 하고 수학 문제도 풀어야 합니다. 반드시 해야 하는 일을 회피하려고 남성다움 혹은 여성다움이라는 논리를 갖다 붙여서는 안 됩니다.

창의적인 사람은 위대한 창작품을 만들어내기 위해 필요하다면 무엇이든 다 합니다. 창의적 활동을 거부하기 위한 변명이나 자신의 행동을 정당화하기 위한 이야기는 하지 않습니다. 정당화하고 변명하기 위해 사용하는 언어 습관을 버려야 합니다. 용기를 내어 소리쳐야 합니다.

"이분법적으로 나누어 말하지 않을 테야!"

창의적 작업을 회피하기 위해서 우리가 흔히 사용하는 이분법에는 어떤 것이 있을까요? 몇 가지 예를 들어보겠습니다. 애착과 초연함, 과정과 결과, 작품성과 대중성, 일과 놀이, 사상과 행동, 원칙과 융통성, 개별화와 대인관계, 유물론과 정신, 존재와 활동, 사고와 감정, 단순성과 복잡성, 정신과 육체…… 너무나 많습니다. 왜냐하면 실존하는 모든 것이 대극의 한 쌍으로 환원될 수 있기 때문입니다. 때로는 침묵해야 하겠지만 때로는 소리를 내야 합니다. 주의하지 않으면 침묵 또는 주장 가운데 쉽게 하나를 선택해서 그중 하나가 다른 것보다 더 우월하다고 섣불리 주장하게 됩니다. 그 이유는 침묵을 지키건 목소리를 높이건 누구나 어느 한 쪽에 선 자신의 행위를 정당화하고 싶어 하기 때문입니다. 자신의 선택을 정당화하기 위해 모든 존재와 가치가 함축하는 대극의 속성 중 어느 한쪽이 다른 것보다 더 고상하고 위대하다고 주장하게 됩니다. 홀리스틱 크리에이터가 되려면 이런 이분법적으로 나누고 구분하는 습관을 버려야 합니다.

이분법 포용하기

창의적 활동에서 필연적으로 만나게 되는 이분법적 속성들에는 어떤 것이 있을까요? 예를 들어보죠. 픽션과 논픽션, 미술과 조형, 순수미술과 응용미술, 록과 재즈, 연습과 실전, 고독과 사교성……. 당신의 창의적 활동을 가로막는 이분법적 속성을 리스트로 만들어보세요. 그리고 난 뒤 리스트에서 하나를 선택해서 다음과 같이 말해보세요.

"애착을 갖는 것도 좋고 초월하는 것도 좋다. 나에게는 둘 다 의미 있고 똑같이 중요하다."

"과정도 중요하고 결과 역시 중요하다. 둘 다 중요하며 나는 이 둘을 똑같이 존중한다."

"작품성이 중요하다. 그러나 대중성도 중요하다. 둘 다 중요하다. 나는 이 둘을 똑같이 존중한다."

작품성과 대중성 어느 한쪽이 지닌 가치를 무시하지 않고 두 가지를 모두 창조의 원칙으로 삼는 홀리스트릭 크리에이터는 이렇게 말합니다.

"나는 내 안에 작품성을 추구하는 개인적인 열망이 있다는 것을 잘 안다. 경제적 문제를 해결하기 위해 대중성 있는 작품을 만들어야 한다는 것도 인정한다. 나는 시장성도 고려해야 한다는 점을 받아들인다. 내 존재의 양면성을 모두 이해한다. 작품성만 중요하게 생각하고 이것만 고집할 수는 없다. 세속적 성공만 의미 있는 것은 아니므로 상업적 성공만 추구할 수도 없다. 때로는 작품성을 옹호할 수도 있고 때로는 대중성에 더 주의를 기울일 것이다. 나는 이 두 가지 원칙을 모두 안고 갈 것이다. 작품활동을 하든 하지 않든 어떤 선택을 하든, 어떤 타협을 하든, 작품성을 추구하든 대중성을 추구하든, 어떤 경우에도 모두를 포용할 것이다. 창작을 위해서라면 양쪽 모두를 존중하면서 거침없이 나아갈 것이다."

이 말을 들으면 당신은 '말은 쉽지'라고 생각할 겁니다. 하지만 무수히 많은 이분법과 양면성, 인간과 자연 속의 수많은 대극을 인정하고 이해해야 합니다. 그렇게 되기 위해서는 앞에 적힌 것과 같은 자기대화를 꾸준히 해나가야 합니다.[04]

04
당신이 만든 이분법 목록을 포용적 관점에서 자기대화를 시도해보세요. 그러면 "모든 것이 가능하다"는 긍정적 자신감을 얻게 됩니다.

창의적인 사람은 이분법적 구분에서 벗어나 스스로에게 묻습니다.

"지금 이 순간, 의미 있는 작업을 위해 원칙을 고수할 것인가, 아니면 융통성을 발휘할 것인가?"

이것은 "나는 어떤 경우에도 원칙을 고수할 거야" 혹은 "항상 융통성이 있어야 해"라며 습관적으로 말하는 것과는 분명히 다릅니다. 어느 한쪽만 골라 완고하게 원칙을 세우는 것은 자기 행동에 대한 핑계거리를 제공하는 것일 뿐이고, 창의적 활동을 회피하는 것이나 다름없습니다. 한 화가가 이렇게 말했습니다.

"어떤 때는 머릿속 이미지로 그림을 그리기 시작하고, 어떤 때는 아무것도 없는 백지 상태에서 그리기 시작하곤 합니다. 저는 두 방법 모두 선호합니다."

홀리스틱 크리에이터는 다음과 같은 원리를 따릅니다.

"특별히 편애하는 것은 없습니다. 창작을 위해 필요한 것은 무엇이든 도전하고, 또 최선을 다합니다."

이분법 벗어나기

모든 문제를 이분법적으로 구분하는 습관에서 벗어나야 합니다. 예를 들어 "규범에 따라야 할까? 아니면 자발적으로 움직여야 할까?" 하고 고민하기보다는 "이 시점에 나에게 더 필요한 것은 무엇인가?"라고 묻는 게 낫습니다. "픽션을 쓸까, 아니면 논픽션을 쓸까?"라고 묻는 대신 "써야 할 주제가 무엇인가? 무엇에 대해 쓸 것인가?"라고 고민해봅시다. "논픽션을 쓰기 위해 계속 자료를 찾아야 할까, 아니면 지금 바로 글쓰기를 시작해야 할까?"라고 나누어서 생각하는 대신 "내 책을 쓰는 데 오늘 필요한 것은 무엇일까?"라고 생각해야 합니다. "그림을 그릴까, 아니면 공예 전시회를 위해 직물을 보러 갈까?" 대신 "작품을 완성하기 위해 오늘은 무엇을 해야 할까?"라고 물어야 합니다.

이런 생각의 과정을 거치면 중요한 변화가 일어납니다. 질문을 바꾸면서 어떤 결정을 내릴 때 리서치, 규범 등 언어에 함축된 이분법적 의미에 좌우되는 것이 아니라 포괄적이고 통합적인 기준을 근거로 판단할 수 있게 됩니다. 자유로움과 명료함을 얻게 되어 하루를, 매순간을 새로운 마음으로 시작할 수 있게 됩니다.[05]

05
모호한 이분법이 당신의 마음속에 스며들지 않도록 항상 주의하세요. 이분법적으로 구분하려는 습관에서 벗어나도록 의식적으로 노력하세요.

우리는 둘 중 하나를 선택하면서 불행해집니다. "대중적이면서 상업적으로 성공할 수 있는 작품을 만들어야만 해"라거나 "나는 내가 진정으로 원하는 작품을 할 거야, 작품성만 추구할 거야"라고 구분 지으므로 이 두 가지를 모두 충족시키는 통합적인 작품을 만들 가능성을 잃어버리고 맙니다.

"단순성이 가장 중요해!" "복잡성에 가치를 둬야 해!"

이렇게 규정해버리면 다른 한쪽이 가진 가치를 놓치게 됩니다. 붓놀림만으로 인간사의 복잡성을 전달할 수 있고, 복잡한 아이디어가 간결한 몇 마디로 표현되어 사람들을 놀라게 할 수 있다는 사실을 무시해서는 안 됩니다. 통합적인 창작과정은 두려움을 없애고 변명하지 않으며, 이분법적 구분을 초월하는 것입니다. 통합적으로 창조하는 법을 익혔다고 하더라도 모든 고통과 어려움이 사라지지는 않습니다. 그러나 통합적 작업은 창의력을 깨우고 발휘하기 위해 반드시 필요합니다.

통합적 창작과 홀리스틱 크리에이터가 당신에게 어떤 의미로 다가오는지 생각해보기를 바랍니다. 홀리스틱 크리에이터가 무엇인지 충분히 이해되었다면 다행이지만, 아직까지 그 의미가 잘 잡히지 않았다면 다음에 이어지는 이야기가 도와줄 것입니다.

내 안의 음양의 기질을 통합한다

지금은 해산했지만 세계적으로 유명했던 록 밴드의 베이스 연주자, 마크를 상담한 적이 있습니다. 그는 마린 카운티[06]에서 은둔생활을 했습니다. 그는 생태학, 뉴에이지 음악, 동양철학에 관심이 많았는데 최근에는 '타조 사육'으로 바뀌었습니다. 타조 사육은 마린 카운티의 삶과는 전혀 어울리지 않았습니다. 그는 이미 큰돈을 벌었고 매니저가 그 돈을 관리했습니다. 마크는 매니저에게 돈을 받아썼습니다. 마크는 모든 지출 사항을 매니저에게 보고해야 했고, 가끔씩은 돈을 타내기 위해 부탁을 해야만 했습니다. 마크가 타조 농장을 하고 싶다고 했을 때 매니저는 강하게 반대했습니다.

06
상류층이 몰려 있는 샌프란시스코만 지역으로 부유하고 아름다운 목가적인 전원도시.

"타조 농장? 정신 나갔어?"

마크도 지지 않았습니다.

"앞으로 타조 사육법을 배우려고 해. 사람들도 타조 고기를 먹어. 타조 알도 먹고."

사실 타조 농장을 해보겠다는 마크의 선택은 현명했습니다. 마크는 자연과 동물에 둘러싸여 살고 싶어 했고 음악, 순회공연, 대중과 관련 없는 삶을 갈구했습니다. 특히 다른 뮤지션들과 얽히지 않으면서 살고 싶어 했습니다. 그는 마음의 평화를 원했고 그렇게 할 수 있었습니다. 경제적으로도 여유 있었으므로 충분히 그렇게 살 수 있습니다. 골칫거리인 대마초도 끊고 싶어 했습니다. 한편 그는 자신을 사랑해주는 여성과 사랑에 빠지고 싶어 했는데, 사실 이것이 더 큰 문젯거리였습니다. 자신이 불교에서 말하는 '탐욕'에 사로잡혀 있다고 생각했습니다. 마약, 섹스, 음악,

도시, 인기, 경력…… 이 모든 것을 갈구한다고 느꼈습니다. 그는 이 모든 것들로부터 벗어나 자신만의 길을 찾고 싶어 했습니다. 마크는 고집을 꺾지 않았습니다. 결국 매니저에게서 돈을 받아 내 농장과 타조를 샀습니다. 현재 그는 캘리포니아 만 지역의 레스토랑에 타조 고기와 타조 알을 공급합니다. 그는 현재 삶에 대단히 만족합니다.

저는 지난 4년간 마크를 상담했습니다. 상담의 첫 번째 목표는 맑은 정신을 되찾는 것이었습니다.[07] 처음 18개월간은 대마초를 끊는 데 집중했습니다. 다음 1년은 대인관계 문제를 다뤘습니다. 마크는 이제껏 단 한 번도 여성과 긍정적인 관계를 유지해보지 못했습니다. 그는 늘 버림받는 쪽이었습니다. 록 스타의 세계에서 들어본 적이 없는 경우였죠. 마크는 자신을 사랑하지 않는, 심지어는 좋아하지 않는 여성만 선택했습니다. 그도 이것이 자신의 성격 문제 때문임을 잘 알고 있었습니다. 마크와 저는 이 문제들에 관해 의견을 나누었습니다

우리는 한 달에 한 번 상담실에서 만났습니다. 몇 달이 빠르게 지나가고 난 뒤, 그가 음악 세계로 다시 돌아가고 싶어 한다는 것을 분명히 알 수 있었습니다. 그는 베이스 기타와 노래 연습을 다시 시작했습니다. 클럽과 콘서트 장에도 가고 옛 동료들과 다시 연락했으며 젊은 팬들과도 다시 만났습니다. 이 모든 것이 산발적으로 나타나기는 했지만, 마크의 행동 변화는 그가 대중에게 돌아가고자 하는 열망을 드러내는 신호였습니다.

이런 열망이 상담에서 여러 논쟁을 불러냈습니다. 가장 큰 논쟁은 "전에 했던 것과 같은 방식으로 음악을 다시 하고 싶지는 않아

07
음악과 창의적인 삶에 관한 이야기는 상담 때 자주 언급하는 주제가 아니었지만 언젠가는 중요하게 다루어야 할 주제였습니다.

요"였습니다. 과거에 어떤 점이 좋았는지, 이번에는 어떻게 달라지고 싶은지에 관해 이야기를 나눴습니다. 마크는 직접 만든 곡을 연주하고 싶어 했고, 밴드의 전면에도 나서고 싶어 했었습니다. 그러나 그의 바람은 그에게 어울리지 않았습니다. 그는 진정으로 자신이 록 밴드의 슈퍼스타가 되고 싶은지, 뮤지션으로서 힘들고 바쁘게 정신없이 살고 싶은지 확신하지 못했습니다. 그의 마음은 수시로 변했습니다. 이후 몇 차례 더 상담이 이어졌습니다. 그러다 11월의 어느 화창한 오후에 결정적인 전환점을 맞았습니다.

"밴드를 하고 싶어요."

마크가 이야기했습니다.

"좋습니다."

"아니요, 제가 말하고 싶은 것은…… 제 밴드를 갖고 싶어요. 제가 밴드를 결성해서 밴드의 전면에 나서서 공연을 하고 싶어요."

"멋지군요. 그런데 무슨 문제라도 있나요?"

"과연 내가 할 수 있을지 모르겠어요."

"작곡할 수 있잖아요."

"곡을 쓸 줄은 알죠."

"노래도 하잖아요."

"물론입니다."

"관중을 사로잡을 줄도 알고요."

"그렇죠."

"그런데도 밴드의 리더를 할 자신이 없다는 건가요?"

"예."

"왜죠?"

"나는 완전 겁쟁이거든요. 사실은 이게 상담해야 하는 주제가 아니던가요?"

"그런가요?"

좀더 들려달라는 듯이 마크에게 물었습니다.

"아니요."

"그럼 뭐죠?"

"어릴 때 여름 캠프에서 침대에 오줌을 싼 적이 있어요……."

"그게 이유인가요?"

"사실은 왜 그런지 나도 잘 모르겠어요."

"당신 자신은 이런 점을 어떻게 생각하나요?"

"성격 문제 같아요. 자꾸 나한테는 록 스타로서의 성격이나 매력, 멘탈리티가 없다는 생각이 들어요."

"그것을 정확히 성격 문제라고 단정하기는 어려울 것 같네요. 내 생각으로는, 당신도 모르는 사이에 당신이 인생의 한쪽 면만을 선택해버린 것이 문제인 것 같아요. 음의 기운과 양의 기운에 관해 알죠? 록 인생은 둘 중에 어디에 해당할까요?"

"물론 양에 해당하지요"

"당신은 어느 쪽을 선호하나요? 양인가요? 음의 성향인가요?"

잠시 생각한 마크는 "음인 것 같아요"라고 말한 뒤 자신의 대답을 곰곰이 생각했습니다. 잠시 뒤 "그런 것 같죠?"라고 제게 다시 물었습니다.

"음은 뭘 의미하죠?"

이번에는 제가 마크에게 물었습니다.

"과정, 복종, 온화함, 물러남, 비켜나 있음, 따름, 도와줌."

"그것들이 록 밴드의 리더와 잘 어울리는 것 같나요?"

"전혀 그렇지 않죠."

"그럼 양은 무엇을 의미하죠?"

"지배, 파워, 리더십, 추진력. 당당함. 그리고 좀 이상하게 들릴 수 있겠지만 천국을 의미하는 것 같아요."

"중국에서는 무엇이 창조를 이끌어낸다고 전해 내려오나요?"

"태양, 불, 빛?"

마크가 확인하듯 대답했습니다.

제가 다시 마크에게 물었습니다.

"공연이 끝났을 때 노래의 완성도가 높았는지에 관해 그룹 멤버 중에서 누가 가장 신경을 쓰죠?"

"그야 당연히 저죠."

"완성도는 음의 영역인가요, 양의 영역인가요?"

"음의 영역이죠."

"마크, 당신은 스스로 욕심이 많다고 생각했잖아요. 욕심은 양의 영역인가요, 음의 영역인가요?"

"양의 영역이죠."

"그러면 양의 영역이 당신과 잘 맞나요?"

"아니요. 저는 양인 척했던 거예요."

저는 잠시 기다렸습니다. 마크가 제게 물었습니다.

"지금까지의 이야기가 어떤 의미가 있는 거죠?"

마크에게 설명했습니다.

"유전이든 성격이든 마크 당신은 음의 특성을 선호합니다. 당신은 양의 영역에 해당하는 생각과 에너지를 불편해해요. 당신이 공연 무대의 구석진 구역에서 연주하는 것은 쉽게 상상할 수 있지만 주목을 받으며 밴드의 리더나 보스로서 무대 중앙에 선 모습은 상상하기가 어렵죠. 자신을 양이 아닌 음의 특성을 지닌 뮤지션으로 인식하고 있습니다. 그래서 자신이 밴드를 이끌고 싶은 욕심을 포기하고 따라갔죠. 하지만 이런 방식으로 다시 음악을 하고 싶지는 않아요. 당신은 협력하면서 행복을 느끼지만 끌려 다니고 복종하기를 원하지는 않아요. 밴드를 이끌어가려면 리더십, 파워, 추진력이 필요합니다. 양의 영역으로 들어가야 해요. 그런 다음 음의 특성에 해당하는 성향으로 돌아와 조화를 이루어내야 합니다. 하지만 항상 출발점은……."

"양의 영역에 해당하는 특성이죠."

마크가 말했습니다.

"맞아요. 양의 특성이 필요해요. 그런데 당신은 음의 성향에 익숙해요. 이건 당신의 생활에 많은 영향을 줍니다. 지금부터는 의도적으로 양의 성향을 드러내야 해요. 꾸준히 노력한다면 몇 년 후에는 대립하던 음과 양이 서로 합일하게 됩니다. 그리고 당신은 음과 양의 특성을 모두 가질 수 있을 겁니다. 밴드를 이끌어야 할 때는 양의 기운을 발휘하는 리더가 되고, 다른 사람과 조화를 이룰 때는 음의 기운을 활용하게 될 겁니다."

마크가 한숨을 내쉬며 물었습니다.

"어디서부터 시작해야 할까요?"

"누가 새로운 밴드 멤버를 정하나요? 밴드 시절 드러머가 서너 명 있었잖아요?"

"네 명이요. 알렉스가 모두 골랐어요. 알렉스는 리드 싱어였고, 스타였습니다. 밴드를 이끌어가는 핵심 멤버였죠."

"밴드 멤버를 결정하는 건 음의 특성인가요, 양의 특성인가요?"

"물론 양의 특성이죠. 저는 새 멤버를 결정하는 과정에서 손을 놓고 있었어요. 그러면서도 알렉스의 선택에 관해 뒤에서 불평을 늘어놓았죠."

"만약 당신이 밴드를 결성한다면 뭘 해야 하죠?"

"우선 멤버를 뽑아야겠죠."

"자, 무엇이 느껴지나요?"

"제가 양의 특성을 발휘해야겠죠."

"왜죠?"

마크는 잠시 생각에 잠겼다가 말을 이었습니다.

"착한 남자가 돼야 한다고 생각했어요. 그러면서 편하고 싶다는 마음이 있었어요. 이런 유혹에 스스로 굴복했던 것 같아요. 누구에게도 '싫다, 아니다'라는 말을 하지 않으려고 했죠. 그냥 처음 만난 기타 연주자, 첫 드러머를 멤버로 선택해버리라는 내 마음의 유혹을 떨쳐버리기 어려웠어요."

"그렇다면 이제부터는 어떻게 해야 할까요?"

"나의 밴드를 원한다면 내가 가지고 있는 양의 본성을 드러내야 할 것 같아요. 왜냐하면 밴드 멤버가 되기 위해 오디션을 보러 온 첫 연주자가 아니라 최고의 연주자를 원하기 때문이죠. 그렇게 하려면 저는 양의 특성을 발휘해야겠죠."

"결론이 나왔네요. 밀고 나가세요. 밴드 멤버를 찾기 위한 오디션 날짜를 정하세요. 어떤 악기 연주자부터 시작할 건가요?"

"기타 연주자요."

"마크, 당신의 집으로 기타 연주자들을 불러 면접을 해보세요. 하루에 몇 명이나 볼 수 있나요?"

"여섯 명 정도. 각각의 지원자마다 한 시간 정도 면접이 필요할 거예요."

"염두에 둔 연주자들이 있나요?"

"항상 지켜본 연주자들이 있어요. 적어도 여섯 명은 돼요."

"좋아요. 그들을 당신의 농장으로 부르세요. 그리고 그들을 면접하세요. 어떻게 양의 특성을 살려 면접할 계획인지 제게 설명해 주겠어요?"

마크는 고개를 갸웃거렸습니다.

"이제야 알겠어요. 이건 당신의 속임수에요. 양의 계획 같은 건 애초에 없어요. 그렇죠?"

"맞아요, 그럼 뭐죠?"

"양쪽을 잘 가미한 계획, 그러니까 음양의 조화를 이룬 계획이 필요합니다. 쉽게 말해 좋은 계획이 있을 뿐이죠."

"정답이에요, 마크. 당신이 양의 특성과 음의 성향을 조화롭게 발휘할 수 있다면 음과 양의 구별은 무의미합니다."

"멋진걸요."

마크는 뭔가가 생각난 듯 말했습니다.

"밴드 멤버들을 면접할 때 농장으로 와주세요. 특별한 이유가 있거나 심리적으로 도움이 필요해서도 아닙니다. 단지 나중에 면접 뒷이야기를 할 때 재미있을 것 같다는 생각이 들어서요."

12월 초순, 마린 카운티에 있는 마크의 타조 농장으로 갔습니다.

타조 농장은 유기농 농장과 거대한 돔 구장, 연수원 등이 들어선 멋지고 호화스러운 마을의 해변 근처에 있었습니다. 거대한 고대의 창조물 같은 타조 무리를 지나 큰 나무 옆에 차를 세웠습니다. 마크가 환영의 말을 건넸습니다.

"타조 알로 프리타타(frittata)[08]를 만들었습니다. 타조 알 하나면 충분하죠. 프리타타는 음의 특성이 가미된 요리예요."

08. 프리타타
채소, 치즈 등을 달걀에 섞어 낮은 불로 데워 만드는 오믈렛의 일종.

마크는 이미 면접 스케줄과 자신만의 선택 기준을 세워둔 상태였습니다. 면접 시간에 지각하는 것을 선택 기준으로 두고 싶은 마음도 있었지만 그것은 제외했습니다. 마린 카운티는 길을 잃기 쉬운 지역이거든요. 그리고 모든 연주자와 면접을 마치기 전까지는 빨리 결정을 내리지 않겠다고 다짐했습니다.

"어떤 점을 중요한 기준으로 보나요?"

"음악적 재능, 에너지, 플러스알파로 외모!"

"많은 것을 바라는군요. 면접하는 와중에 당장 결정하지 않겠다고 했지만 누가 알겠어요, 정말 좋은 사람이 바로 나타날지."

"이런 일은 즐겁지 않아요."

마크가 말했습니다.

"반드시 해야 하는 일과 즐거운 것은 전혀 다른 문제입니다."

길고 긴 하루가 시작됐습니다. 가장 먼저 도착한 긴 머리의 젊은 연주자는 번개처럼 기타를 연주했습니다. 두 번째 연주자는 우아하면서도 허스키한 목소리의 흑인 여성으로 노래뿐 아니라 기타도 멋지게 연주했습니다. 세 번째는 약간 정신이 나간 듯한 나이든 히피였습니다. 네 번째는 문신을 한 자유분방해 보이는 젊은 여성이었고, 다섯 번째는 회계사로 착각할 만큼 옷차림이 단정한 지원자였습니다. 여섯 번째는 과거의 순수했던 우드스탁 페스티벌을 기억하는 폭주족이었습니다. 마크는 모든 연주자와 즉흥 연주를 했습니다. 모두 실력이 뛰어났습니다. 그들은 진정한 뮤지션이었습니다.

자기의 가능성을 실현할 수 있는 사람은 행복하다.

– 로버트 레슬리

Self-Coaching 3

1. 이분법적 사고는 창의적 활동에서 큰 걸림돌입니다. '이것이냐 저것이냐'라고 고민하는 과정에서 이것과 저것 사이에 놓인 생각들을 놓치기 쉽기 때문입니다. 모든 문제를 이분법적으로 생각하는 습관에서 벗어나야 합니다. 예를 들어 "규범에 따라야 할까, 아니면 자발적으로 움직여야 할까"라고 고민하는 대신에 "이 시점에서 나에게 더 필요한 것은 무엇인가?"라고 물어보는 것이 더 창의적인 사고입니다. 평소에 나도 모르게 흔히 빠져들기 쉬운 이분법적 사고를 적어보세요.

㉮ '세미나장에 도착하면 20분이나 늦을 거 같은데, 가지 말까?'

이분법적 사고

①

②

③

④

⑤

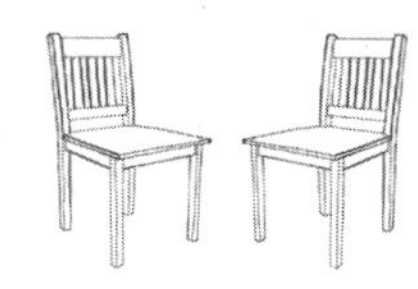

2. 앞서 이분법적 사고를 적으셨나요? 그렇다면 이제 좀 더 융통적이며 통합적 관점에서 같은 문제를 생각해보고, 그렇게 해서 얻은 새로운 생각을 적어보세요.

㉮ '늦었더라도 일단 들어가자. 오늘 주제는 나에게 꼭 필요한 거니까. 남은 시간 집중해서 들으면 얻어가는 게 있을 거야.'

통합적 사고

① ......

② ......

③ ......

④ ......

⑤ ......

Generating mental energy

Week 4
정신적 에너지를 뿜어낼 것

창의적 열망이 강렬한데도 불구하고 창작활동을 위한 에너지가 부족하다고 호소하는 사람이 많습니다. 테니스, 쇼핑, 포커를 할 때는 에너지가 넘쳐흐르지만 막상 소설 작품을 생각하면 피곤해져서 한숨 자고 일어나야 할 것 같다고 느낍니다. 어찌 된 일일까요? "너무 피곤해서 글을 쓸 수가 없어. 창작에 쏟아 부을 에너지가 없어"라는 말의 진짜 의미는 무엇일까요? 창의력을 일깨우기 위해서는 정신적 에너지와 창의력의 관계를 이해해야 합니다. 우리가 섭취한 열량이 신체 에너지로 전환되는 것은 쉽게 이해할 수 있습니다. 영양분이 에너지로 전환되어 호흡근과 심장 근육이 활동하고, 걷고 뛰기 위해 신체 근육을 긴장시키는 힘이 발생하는 것의 관계에 관해서는 분명하게 이해할 수 있습니다. 이때 몸이 사용하는 에너지는 육체적인 것입니다. 왜 벌목꾼은 하루 4,000칼로리 이상의 열량이 필요한지, 체중 조절을 위한 식이요법을 할 때는 왜 1,500칼로리 이하로 제한해야 하는지 등도 신체 에너지의 활용이라는 측면에서 쉽게 이해할 수 있습니다.

그렇다면 우울증과 에너지 저하 현상은 어떻습니까? 반대로 각성, 열정, 흥분, 열광의 상태가 정신적 에너지 상승과 관련 있다는 것은 어떻게 이해할 수 있을까요? 예를 들어 무의미하게 느끼면 에너지가 소진되고, 충만한 의미를 느끼면 에너지가 상승한다는 것을 잘 압니다. 그런데 삶의 의미와 정신적 에너지의 인과 관계를 이해하기란 쉽지 않습니다. 열량과 신체 에너지의 관계처럼 엄격한 칼로리 계산으로 삶의 의미와 정신적 에너지의 관계를 설명하기는 어렵습니다. 칼로리가 육체적 힘으로 변환되는 공식으로 감정적, 정신적, 실존적 혹은 창의적 에너지를 설명할 수는 없습니다.

예를 들어 거식증 환자는 엄청난 에너지와 놀라울 정도의 고집스러움, 결연한 의지로 음식을 거부합니다. 심지어 죽음에 이를 수 있는데도 끝끝내 먹기를 거부하기도 합니다. 거식증 환자는 굉장한 정신적 에너지로 자신을 살리려는 의사와 가족의 노력을 뿌리칩니다. 스스로 자기 죽음의 적극적인 조력자가 되는 셈입니다. 그들은 자신이 조금만 방심하면 의사가 혈관으로 영양분을 공급할 것을 알기 때문에 끊임없이 경계합니다. 방어나 각성 수준을 조금이라도 낮추어 경계를 소홀히 하면 먹기를 거부하는 자기 의지에 치명상을 입는다고 생각합니다.

도대체 거식증 환자의 이런 무시무시한 정신적 에너지는 어디서 나올까요? 다른 예를 들어보겠습니다. 산만하고 절대 가만히 있지 못하는 남자아이가 있습니다. 그 엄청난 에너지가 수업에 집중하는 데는 통 쓰이지 못합니다. 게임할 때는 엄청난 에너지로 집중하면서 말이죠. 다른 사람이 보기에 이 아이의 행동에는 문제가 있었고, 정신과에서 주의력결핍 과잉행동장애(ADHD, attention deficit / hyperactivity disorder) 진단을 받아 약물도 처방받았습니다.

그렇다면 이 소년에게는 어떤 약이 처방되었을까요? 아이는 흥분제인 리탈린(Ritalin)을 처방받았습니다. 과잉행동을 보이고 주의가 산만한 소년에게 흥분제가 어떤 기전으로 효과를 나타낼지는 의사들도 정확히 모릅니다. 그들은 이와 같은 치료를 역설적 치료(paradoxical treatment)[01] 혹은 역설적 중재(paradoxical intervention)라고 부릅니다.

에너지를 육체적인 것과 정신적인 것으로 구분하면 주의력결핍 과잉행동장애에 흥분제를 처방하는 치료가 역설적이지 않다는 것을 이해할 수 있습니다. 육체적 과잉행동은 정신적 활력이 떨어져서 일어나는 현상입니다. 이 소년에게는 흥미롭거나 몰두할 만한 일이 거의 없습니다. 소년은 생각을 매우 적게 합니다. 이런 정신적 권태가 아이의 과잉행동을 유발합니다.

정신적 에너지는 정신적 자극 이후에 생겨납니다. 주의력결핍장애[02]가 있는 아이는 정신적 에너지를 일으키기 위해서 과잉행동으로 정신적 자극을 과도하게 추구하는 겁니다. 이런 자극 이후에 정신적 에너지가 생기게 되니까요. 흥분제인 리탈린으로 정신적 에너지가 상승하면 과잉행동이 줄어듭니다. 리탈린이 정신적 에너지를 증가시키므로 부족한 정신적 에너지를 끌어올리기 위해 과잉행동으로 자극을 좇을 필요가 없어지는 것이죠. 이렇게 보면 흥분제는 역설적 치료가 아님을 알 수 있습니다.

01. 역설적 치료
어떤 것에 대해 방해를 받을 때 자꾸 그것을 피하지 않고 오히려 해봄으로써 방해받는 사건에 대한 얽매임으로부터 벗어난다는 방법.

02. 주의력결핍장애
충동적인 행동, 부주의, 지나친 활동을 특징으로 하는 유아기, 아동기, 청소년기에 발생하는 장애. 주의력 결핍장애는 행동과다증을 동반하는 주의력 집중장애과 행동이 없는 주의력 집중장애 등으로 구성된다.

가만히 앉아 있거나 굶어 죽는 데도 정신적 에너지가 필요하다는 게 이상하게 들리나요? 지루한 회의 중에 "그만해! 이 정도면 충분하잖아!"라고 소리치고 싶은 충동을 억누르거나 따분한 강의 중에 무심코 "뭐야, 이미 아는 거잖아"라고 말하고 싶은 충동을 억누른 적이 있을 겁니다. 이때도 우리는 정신적 에너지를 써야 합니다. 충동을 억누르고 가만히 있기 위해서도 에너지를 소비해야 하는 거죠. 이때 소비되는 것은 육체적인 에너지가 아니라 정신적 에너지입니다. 지루한 상황에 있으면 우리는 지치고 피곤해집니다. 이런 상황에 계속 있게 되면 나중에는 일상생활을 유지할 기본 에너지마저 잃고 맙니다. 비록 육체적으로 아무 행동을 하지 않더라도 지루한 회의실, 따분한 강의실에서 당장 뛰쳐나가지 않고 가만히 앉아 있기 위해 정신적 에너지를 소모해버렸기 때문이죠.

정신적 에너지는 교향곡을 작곡하기 위해서도 필요합니다. 수동적으로 강의를 듣는 사람은 정신적 에너지를 소모하게 되지만, 적극적으로 창의적 활동에 매진하는 사람은 정신적 에너지를 생산하게 됩니다. 그렇게 생산된 정신적 에너지를 다시 창의적 활동에 쏟아 붓죠. "정력적이고 열정적이며 카리스마가 넘치고 에너지가 충만하다"고 평가받는 사람이 있다면, 그것은 그의 정신적 에너지에 관해 말한 것입니다. 이건 마치 태양에서 뿜어져 나오는 에너지를 느끼는 것과 비슷합니다. 적극적으로 삶의 의미를 만들어 나가는 사람은 태양처럼 에너지를 품고 있는 것과 같습니다. 태양 에너지가 강렬한 빛과 열을 만들어내듯 창의적 시간을 통해서 자기만의 정신적 힘을 만들어냅니다.

정신적 에너지를 생산하는 방법을 습득하기 위해 알아야 할 첫 번째 원칙은 '인생의 어떤 측면에 관심을 기울이느냐에 따라 서로 다른 형태의 정신적 에너지가 생성된다'는 것입니다. 만약 신체 이미지가 삶의 중요한 관심 영역이라면 식욕을 억제하기 위한 정신적 에너지가 생성됩니다. 만약 훌륭한 교향곡을 남기는 것을 인생의 목표로 여기는 작곡가라면 작곡 활동에 필요한 정신적 에너지가 생성됩니다. 관심의 정도가 커질수록 대상을 향한 에너지는 더 커집니다. 식품에 포함된 영양소가 신체 에너지를 발생시키는 것처럼 관심, 호기심, 열정과 같은 감정이 정신적 에너지를 생성합니다. 결국 마음가짐이 정신적 에너지를 만드는 것입니다.
정신이 활동하기 위해서는 에너지가 필요합니다. 생각하고, 상상하고, 계산하고, 꿈꾸기 위해서는 에너지가 필요합니다. 진실하지 않은 믿음을 지탱하고, 중요한 진실을 무시하고, 꿈을 추구하지 않는데도 아까운 정신적 에너지가 소모됩니다.[03]
인생의 의미를 추구해야 한다는 것을 알면서도 그렇게 하지 않는 사람은 정신적으로 점점 지쳐가게 됩니다. 인생의 의미를 추구하기 위해 어떤 길을 택해야 할지에 몰라 우왕좌왕할 때는 더 많은 정신적 에너지가 소모되고 맙니다.
육체적 에너지는 신체 활동을 위한 연료를 만들고, 또 세상에 뿌리내리고 살아남기 위한 생리적 욕구와 연관되어 있습니다. 반면 정신적 에너지는 우리가 세상을 바라보는 방법과 삶의 의미를 추구하려는 인간적 욕구와 연관되어 있습니다. 힘든 노동은 육체적 에너지를 소진시키지만 한밤의 단잠은 육체적인 에너지를 보충해줍니다. 자신이 쓴 소설을 출판해줄 수 없다는 편집자의 거절

03
자신이 진정으로 원하는 것을 추구하지 않고 덮어두는 데도 에너지가 소모됩니다.

편지를 받으면 정신적 에너지가 소진되지만, 출판해주겠다는 승낙 편지를 받으면 정신적 에너지는 고양됩니다.
최근에는 생물학이 눈부시게 발전해서 육체적 에너지에 대해서는 과학적으로 이해할 수 있게 되었습니다. 지금부터 정신적 에너지가 어떻게 생성되고, 창의적 활동에 어떻게 활용되는지 알아보겠습니다.

정신적 에너지 이해하기

정신적 에너지에 관해 이해하려고 할 때 생각해봐야 하는 질문이 세 가지 있습니다.

질문 1 : 무엇이 정신적 에너지를 만들어내는가?
질문 2 : 무엇인 정신적 에너지를 약화시키는가?
질문 3 : 어떻게 정신적 에너지를 재충전하는가?

위 질문에 대한 당신의 대답은 무엇입니까? 어떤 사람은 '욕망, 두려움, 용기'라고 답했습니다. '호기심, 의심, 희망'이라거나 '열정, 혼란스러움, 정신의 명료함'이라는 대답도 있었습니다. 당신의 생각은 무엇인지도 궁금해집니다.
어떻게 해야 정신적 에너지가 생산되고 재충전될까요? 효과적인 방법 중 하나는 인생의 의미와 목적에 관한 생각을 끊임없이 하는 겁니다. 다시 말해 긍정적 강박사고(positive obsession)[04]를 키워 나가야 합니다. 이것은 삶의 의미를 만들어 나가려는 근원적

04
개인의 사고, 감정, 행동이 생각, 상상, 소망, 유혹, 금지, 명령 등에 의해 지배되는 상태를 일컫는 용어.

욕구를 충족시키는 열정적인 사고방식입니다. 반대로 부정적 강박사고(negative obsession)는 제거해야 합니다. 이것은 목표에 도움이 되지 않는 생각을 끝까지 붙들고 놓지 않는 것을 말합니다. 긍정적이든 부정적이든 열정적인 생각은 정신적 에너지를 불러일으키므로 둘 다 엄청난 에너지를 만들고, 또 정신적 에너지를 소모시킵니다. 여기서 긍정적 강박사고는 문제가 되지 않습니다. 혼신을 다해 창작하고 휴식하는 것은 아무런 문제가 되지 않죠. 그러나 부정적 강박사고는 비싼 비용을 치르게 합니다. 그래서 부정적 강박사고에 휩싸여 있으면 모든 가능성을 날려버리게 됩니다. 창의적 활동에 필요한 에너지를 생산하고 축적하기 위해서는 긍정적 강박사고는 키워 나가고, 부정적 강박사고는 제거해야 합니다.

그런데 전통적인 정신의학에서는 강박사고를 부정적으로 인식하는 경향이 있습니다. 강박사고를 긍정적인 것과 부정적인 것으로 나눈다는 것 자체가 생소합니다. 때문에 오래전부터 강박사고는 내용이나 의미와 상관없이 치료가 필요한 증상으로 간주되어 왔습니다. 강박사고를 "부적절하고, 원치 않는 생각이 반복적으로 떠오른 것"으로 정의해서 긍정적인 측면을 간과했습니다. 반복적으로 나타나는 강박사고 가운데 적절하고 바람직한 것이 있을 수 있음을 고려하지 않았던 것입니다.

정신의학 전문가들은 긍정적 효과를 갖는 강박사고가 존재할 수 있다는 가능성을 강박사고를 정의하는 단계에서부터 배제해버렸습니다. 그러므로 긍정적 강박사고와 부정적 강박사고의 차이점을 논의할 여지조차 없었습니다. 1877년, 독일의 정신학자 칼

웨스트팔은 "강박사고는 환자의 의지에 반해 의식의 전면으로 나타나는 것으로, 이러한 생각이 비정상적이며 자신의 사고체계와 부합하지 않는다는 것을 인식할 수 있지만 스스로 억압할 수 없다"고 정의했습니다. 갑자기 의식 속에 침입해 들어오는 생각을 단순하게 강박사고라고 규정하지 않고 부정적 강박사고로 따로 정의했다면 강박사고에 관한 다양한 해석도 가능했을 겁니다. 부정적 강박사고는 문이 잠겨 있지 않다는 두려움 때문에 문이 잠겼는지 끊임없이 확인하고, 손이 깨끗하지 않다는 두려움 때문에 손을 씻고 또 씻게 합니다. 그래서 부정적 강박사고를 경험하는 사람은 고통스럽습니다. 부정적 강박사고는 바람직하지도 필요하지도 않습니다.

반면에 긍정적 강박사고는 삶의 의미를 만들려는 노력의 열매와 같습니다. 긍정적 강박사고 없이는 인생이 따분하고 황량하고 무의미해집니다. 모든 강박사고가 나쁘다며 내던져버린다면, 긍정적 강박사고가 지니는 가치와 무엇이 이것을 만들어내는지 생각해볼 기회마저 날려버리게 됩니다.

진정으로 자기 안의 창의성을 찾고자 하는 사람은 본능적으로 긍정적 강박사고와 부정적 강박사고의 차이를 압니다. 비주얼 아티스트 로즈메리 앤텔이 제게 이런 메일을 보냈습니다.

> 강박사고에는 긍정적인 것과 부정적인 것이 있다는 것을 압니다. 저는 둘 다 경험했거든요. 긍정적 생각이 머릿속에 끊임없이 떠오르면 이것에 집중합니다. 긍정적 강박사고는 진취적입니다. 미래에 초점을 맞추게 하죠. 스스로에게 이런 암시를 합니다. '내일은 페인팅 작업에 즐겁게 몰두할 것이다.' 이렇게 하면 창작활

동이 즐겁고 활기차겠다고 예상하게 되죠. 긍정적 강박사고는 능력과 재능을 발휘하게 하고, 정신적 에너지를 만들어내죠. 저의 소명을 향해 열정과 에너지를 불어넣습니다.

하지만 부정적 강박사고는 퇴보나 마찬가지입니다. 과거에 뿌리를 둡니다. 과거의 잘못이나 실패, 잘못된 결정, 나쁜 경험과 같은 부정적인 생각이 머릿속에서 자꾸 떠오르죠. 이런 생각은 육체적으로나 정신적으로 불쾌하고 싫은 것들입니다. 무능력, 멍청함, 무기력과 연결됩니다. 이런 생각에 빠져들면 우울해지고, 지치고, 무기력해지죠.

추상화 작가인 알레타 피펜의 이야기도 들어보겠습니다.

긍정적 강박사고는 인생의 원동력인 것 같아요. 의욕을 고취시키고 영감을 줍니다. 긍정적 강박사고는 삶에 활력이 되는 것 같아요. 동기를 주고 앞으로 나아갈 수 있는 힘을 주고, 아침에 일어나야 할 이유가 되며 즐거움을 느끼게 하죠. 불만스럽고 좌절할 때도 있지만, 긍정적 강박사고는 어려움을 견딜 수 있게 해줍니다. 절망과 좌절은 충분히 노력하지 않았을 때나 우리가 지향하는 수준에 도달할 수 없었을 때 느끼는 감정이죠. 만약 우리가 긍정적인 생각에 초점을 맞출 수 있다면 우리가 원하는 곳을 향해 나아갈 수 있습니다.

부정적 강박사고의 특징은 죄책감입니다. 자신이 충분하지 않다고 느끼고, 뭔가를 이루어 낼 수 없다는 생각이 끊임없이 떠오르죠. 이것이 자신을 괴롭힙니다. 이런 생각의 뿌리에는 두려움이 깔려 있습니다. 이건 스스로를 벌하고 고통스럽게 합니다. 이런 생각을 갖고 앞으로 나아갈 수는 없습니다. 집중할 수 없으니까요. 자기 자신이 스스로에게 짐이 되는 겁니다. 부정적인 생각은 우리가 성공하지 못하도록 방해할 뿐입니다.

건강한 강박사고는 삶의 태도가 됩니다. 자신의 일과 아이디어를 사랑하게 하고, 창의적 열정이 실현될 수 있도록 도와줍니다. 긍정적 강박을 허락하면 정신적 에너지는 폭발적으로 커집니다. 따라서 창의적인 삶을 영위하기 위한 정신적 에너지를 생산하고 싶다면 긍정적 생각에 강박적으로 몰두하는 것이 그 시작이라고 할 수 있습니다.

긍정적 강박사고 키워나가기

현재 진행 중이거나 앞으로 꼭 하고 싶은 일이나 프로젝트를 머릿속에 떠올려보세요. 이것을 마음속에 품고 자신에게 이렇게,

소리치세요. "이 프로젝트는 매력적이야!"
소리치세요. "프로젝트가 어떻게 진행될지 궁금해!"
소리치세요. "당장이라고 뛰어들고 싶어!"
소리치세요. "흥분되는걸!"
소리치세요. "어떤 결과가 나올지 기대돼!"
소리치세요. "밤낮을 가리지 않고 이 프로젝트만 생각할 거야!"
소리치세요. "훌륭한 경험이 될 거야!"
소리치세요. "전력투구!"

긍정적인 생각으로 가득 찬 당신의 모습이 머릿속에 그려지나

요? 긍정적인 생각에 열정적으로 매달려보세요. 어떤 일이든 창의적 활동을 위한 정신적 에너지를 생산하고 재충전하는 것이 가장 중요합니다. 끊임없이 연습하고 탐구해야 합니다. 다음에 나오는 이야기는 한꺼번에 정신적 에너지가 지나치게 많이 방출되었을 때 생기는 문제에 관한 것입니다.

나를 이해하고 조절하고 통제한다

오스트리아 빈에서 며칠을 보낸 적이 있습니다. 이곳에서 저는 베토벤과 정신적 에너지의 역동에 관해 깊이 생각했습니다.
화가 한 명을 머릿속에서 상상해보세요. 그는 현재 진행 중인 프로젝트 때문에 몹시 흥분해 있습니다. 다른 일은 제쳐두고 오직 그 프로젝트에만 매달려 있습니다. 앞서 언급한 단어대로 말하자면, 그는 지금 '긍정적 강박사고'에 빠져 있습니다. 그는 자신이 다른 것은 거들떠보지 않고 프로젝트에만 몰두해 있음을 알지만, 작업을 중단해야 할 만큼 중요한 일은 없어 보입니다.
그는 자신이 자기중심적이고 과대 망상적이며, 거만해 보인다는 것을 이해하면서도 자신은 충분히 그럴 자격이 있다고 생각합니다. 누군가 프로젝트 작업을 방해하거나 자신의 아이디어에 반박이라도 하면 불쾌하고 짜증이 납니다. 그림을 그려야 한다는 강렬하면서도 지속적인 내적 충동을 느낍니다. 종종 작품이 발표되었을 때 쏟아질 호평과 찬사를 상상하며 그 느낌에 도취되곤 합니다. 이런 판타지는 고양된 기분 상태를 더 흥분시킵니다. 창작 활동에 빠져 평소보다 덜 자고, 매일 밤늦게까지 작업하고, 아침

일찍 일어나 다시 작업에 몰두합니다.
열정적으로 작업을 계속하며 의기양양해하지만 작업을 더 빨리 진행하지 못해 초조하기도 합니다. 작품을 완성하지 못하거나 결과물에 만족하지 못할 것 같다는 생각이 들어 불안하기도 합니다. 자신이 굳게 믿는 만큼 자기 작품이 의미 있을지 반신반의하며 두렵고 우울해지기도 합니다. 그림을 그리든 그리지 않든, 머릿속에 끊임없이 이어지는 생각들을 멈출 수 없습니다.
이 화가를 '메리'라고 부르기로 하죠. 메리는 자신이 보통 때와는 다르게 위험을 감수하며 과감하게 그림을 그리고 있음을 깨닫습니다. 평소 애용하는 차분한 색이 아닌 밝고 화려한 색으로 그림을 그립니다. 충동을 억제하기가 힘듭니다. 입고 있는 옷의 감촉이 성가시게 느껴져 옷을 벗어던집니다. 평소보다 말이 많아져 흥분한 상태로 동료 화가들에게 하루에도 몇 번씩 전화를 걸어 자기 감정과 생각을 이야기합니다. 심지어 늦은 밤이나 새벽에도 전화를 겁니다. 만약 메리에게 현재 감정 상태를 물어보면 "신경이 날카로워졌고 흥분해 있으며, 불안하지만 황홀하기도 하고 중압감을 느꼈다가 기분이 들뜨기도 했다가, 의기양양 하면서도 절망하기 일보 직전"이라고 답할 겁니다.
이런 감정 상태를 뭐라고 표현하면 좋을까요? 이것은 조증(mania)의 전형적인 양상입니다. 메리의 감정과 행동에 대한 묘사는 정신과 의사들이 양극성장애[05]라고 진단하는 질환에서 나타나는 조증 증상과 일치합니다. '질환'이라고 강조한 이유는, 메리의 사례를 생물학적 질병이나 정신장애로 단정해서는 안 된다고 여기기 때문입니다. 메리의 모습은 질병의 증상이라기보다는 창작

05. 양극성장애
기분이 들뜨고 신나는 것이 지나쳐 흥분된 상태와 마음이 너무나 가라앉아 우울한 상태 중 어느 하나씩을 주기적으로 모두 경험하는 상태 혹은 장애.

활동을 통해 삶의 의미를 만들고자 하는 강렬한 욕망이 불러일으킨 감정 상태로 보는 편이 옳습니다. 넘치는 에너지는 실존적이며 존재론적인 것이지, 병적인 것이 아닙니다.

조증의 의미를 다시 생각해봐야 합니다. 질병의 증상과 같은 부정적 의미가 아닌 새로운 의미로 재정의되어야 합니다. 에너지가 넘쳐흐르는 예술가가 스스로를 통제할 수 있는 경우와 그럴 수 없어서 정신적으로 쇠약해지고 붕괴된 경우를 구분해야 합니다. 후자는 끔찍하지만 전자는 작품을 창조하기에 최적의 상태이기 때문입니다.

저는 메리와 같은 상태를 '창조적 마니아'로 부르고 싶습니다. 창조적 마니아 상태인 사람은 놀라운 속도로 질주하는데도 자신의 생활과 정신을 완벽하게 조절할 수 있습니다. 그뿐 아니라 이런 상태를 내버려두면서 위험을 즐깁니다. 이때 누릴 수 있는 모험과 위험은 그만한 가치가 있기 때문입니다. 무의미한 상태에 빠져들어 쉽게 그런 상태를 받아들이는 것이 아니라, 의미를 추구하면서 스스로를 각성시키며 앞으로 질주하는 것이죠. 이런 상태에서는 다른 선택의 여지가 없습니다. 창작활동이 다른 무엇보다 중요하므로 창작에 필요한 에너지를 찾는 것이 제일 중요합니다. 메리는 창조적 마니아가 조증 상태로 진행되지 않게 스스로 조절하는 법을 경험으로 익혔습니다. 예를 들어 뜨거운 물로 샤워를 하고, 어두운 방에서 조용히 휴식을 취하거나 들뜬 상태가 지나갈 때까지 기다리는 방법도 있습니다. 그녀는 이러한 상태를 충분히 이해하고 인식하면서 생활해 나갑니다. 그녀는 창조적 마니아 상태는 정신적 에너지라는 기름을 창작활동이라는 엔진에 쏟아 부은 결과임을 잘 이해합니다. 이런 상태는 그녀가 유발한 것이고, 이런 상태를 받아들이며 이런 상태에서도 삶을 유지하는 법을 잘 알고 있습니다.

당신도 창조적 마니아 상태를 경험할 수 있습니다. 창작이나 의미 있는 활동에 육체와 영혼을 쏟아 붓고, 자신과 미래에 대한 낙관적인 생각에 빠져드는 과정에서 창조적 마니아 상태를 경험하게 됩니다. 그러니 목표를 향해 뛰어들고, 생각을 자유롭게 확장하세요. 스스로 흥분되고 고양되도록 허락하세요. 그러면서도 자신을 통제할 수 있어야 합니다. 물론 평소보다 통제하기가 힘들다고 느낄 겁니다. 강렬한 열정 때문에 빠르게 나아가는 상태는 불안정하고 멈추기 쉽지 않다고 느낄 수 있습니다. 하지만 벼랑으로 떨어지지 않도록 최소한의 통제력을 남겨놓으면 자신을 일상의 트랙으로 충분히 되돌려놓을 수 있습니다.

벼랑 앞에서도 멈추지 못하고, 그래서 일상의 트랙으로 돌아올 수 없다면, 그것은 창조적 마니아가 아닙니다. 산산이 부서지고 망가진 겁니다. 창조적 마니아와 병적인 조증의 차이는 달걀을 심하게 흔들기는 했지만 깨지지 않은 상태와 달걀을 아스팔트 도로 위에 내팽개쳐 깨버린 상태의 차이라고 할 수 있습니다. '창조적 마니아'는 달걀을 살짝 던져서 깨지지 않도록 할 수 있지만, 병적 조증은 내동댕이쳐서 달걀이 완전히 깨져버린 상태입니다. 레오나드 울프는 버지나아 울프(Virginia Woolf)[06]가 경험한 창조적 마니아와 끔찍한 병적 조증이 서로 다른 점을 아래와 같이 묘사했습니다.

06. 버지니아 울프
영국의 소설가이자 비평가. 페미니즘과 모더니즘의 선구자로 평가받는 20세기 주요 작가이다. 대표작 <자기만의 방>이 보여준 여성의 물적, 정신적 독립의 필요성과 고유한 경험의 가치는 문학사에 지대한 영향을 미쳤다.

그녀가 정신적으로 무너져갈 때, 건강한 상태에서 광기로 넘어가는 순간이 있었다. 정신적으로 건강한 순간에는 정신적으로 균형이 잡히고, 이성과 감성이 통합된 상태였다. 외부 세계를 인식하고 받아들이면서 적절하게 반응할 수 있었다. 하지만 광기의 순간에는 극단적이고 폭발적인 감정과 기분 동요가 일어났고, 외부 세계의 사실을 받아들이려 하지 않았다. 그녀의 인생에서 병적 조증 상태는 네 번 있었다. 그녀는 정상과 광기의 경계를 네 번 넘어섰다.

어떤 마니아 상태이건 긍정적 측면과 부정적 측면이 있습니다. 열정적으로 창작활동에 몰두하는 것은 긍정적으로 작용합니다. 그러나 마니아 상태에서는 주변 사람들에게 공격적으로 함부로 대할 수도 있습니다. 자기만의 생각에 사로잡혀 작업에만 매달리고, 조급하게 서두르고, 거만해지거나 과대 망상적이 되기도 합니다. 이런 상태에서는 다른 사람이 전혀 눈에 들어오지 않죠. 베토벤이 오스트리아 빈에서 지낸 시절에 있었던 일화를 소개하겠습니다. 옆에서 베토벤을 자세히 관찰해온 그의 친구가 이렇게 말했습니다.

"베토벤은 인내력이 대단했습니다. 나무가 우거진 언덕에서 오랫동안 작곡을 했습니다. 작곡이 끝나면 회상에 잠겨 추위에도 아랑곳하지 않았고, 폭설이 쏟아지는데도 몇 시간씩 뛰어다니곤 했죠."

다른 친구는 이렇게 회상했습니다.

"바덴에 머무는 동안 베토벤은 평소와 다르게 쾌활했습니다. 좌중의 분위기를 주도했죠. 머릿속에 스치는 생각을 입으로 전부

내뱉지 않으면 안 되는 사람처럼 보였습니다. 베토벤의 말과 행동은 정말 엉뚱하고 특이했습니다. 그가 열변을 토할 때는 분명히 기발한 상상력과 흥분된 감정에 휩싸여 있었을 겁니다."

베토벤의 제자는 이렇게 회상했습니다.

"선생님은 저와 같이 산보를 끝내고 돌아와 모자도 벗지 않은 채 피아노 앞으로 달려가셨습니다. 제가 구석에 있는 의자에 앉아 있었지만 저의 존재는 완전히 잊어버리신 듯했어요. 한 시간 정도 아름다운 소나타의 마지막 피날레를 열정적으로 작곡하셨습니다. 작곡을 끝내고 피아노에서 일어났을 때 저를 보며 놀란 듯 말씀하셨어요. '오늘 수업은 무리야. 작곡 작업을 계속해야 해서 레슨은 못 할 것 같아.'"

베토벤 역시 이렇게 말한 적이 있습니다.

"나는 완전히 음악 속에 삽니다. 작품이 완성되기 전에 벌써 다른 작품을 시작하죠. 지금 같은 속도라면 서너 곡을 동시에 완성할 수 있어요."

베토벤의 또 다른 친구는 이렇게 말했습니다.

"당신이 베토벤의 기분을 잘 맞출 수 있다면 그와의 대화는 세상 그 누구와의 대화보다 활기차고 에너지가 넘칠 겁니다. 하지만 한 번이라도 베토벤의 심기를 건드리거나 설익은 충고를 잘못하게 되면 그와 영원히 의절할 각오를 해야 합니다. 그렇지만 베토벤은 좋은 친구였고 동료였습니다. 단지 변덕스러운 유머와 폭력적인 면모 때문에 베토벤은 종종 곤경에 빠졌고, 다른 사람들이 걱정을 많이 했어요. 그가 악의 없이 던진 고약한 농담 때문에 자주 분위기가 험악해졌습니다. 우정 어린 감정이 순식간에 분노로 바뀌거나 유쾌한 대화가 감정적인 격론으로 변하곤 했죠. 그는 훌륭한 마에스트로였습니다. 물론입니다. 그렇지만 그는 괴물이기도 했어요."

창작을 향한 베토벤의 열정, 작곡으로 의미를 창출하려는 열망, 음악을 향한 도를 넘는 강박관념이 베토벤을 정상에 올려놓았고, 전지전능함에 사로잡힌 마니아 상태를 일으키기도 했죠. 베토벤은 전기를 만드는 거대한 발전기처럼 작곡했습니다. 그리고 주변 사람들을 거칠게 다루고 짓밟곤 했습니다. 야성적으로 보일지는 몰라도 아름다운 모습이라고는 할 수 없죠.

당신이 조금 더 열정적이고 긍정적인 생각에 몰입하면 좋겠습니다. 당신의 열망에 불을 지피고 정신적 에너지를 최고 수준으로 끌어낼 수 있기를 바랍니다. 이것이 이번 코칭에서 제가 전달하고 싶은 메시지입니다. 또한 열정을 불태울 때 따라오는 결과를 이해하고 조절할 수 있어야 한다는 점도 분명히 강조했습니다. 그렇다고 해서 위험을 피하고 열정 없이 조용히 살라는 뜻이 결코 아닙니다. 그렇게 사는 것은 죽은 것이나 다름없습니다. 저의 메시지는 자신의 상태를 이해하고, 조절하고, 통제할 줄 아는 가운데 창의적인 열정을 불태워야 한다는 것입니다. 자기감정에 주의를 기울이면서, 커브 길에서는 탈선하지 않도록 속도를 줄일 수도 있어야 한다는 것을 말하고 싶은 겁니다.

창조적 마니아 상태는 위험을 무릅쓴 도전일 수 있습니다. 열정과 정신적 에너지를 활활 불태우면서도 병적인 조증 상태가 되어서 모든 것을 불사르는 일은 생기지 않도록 조절할 수 있어야 합니다. 당신은 이런 도전을 받아들일 수 있습니까? 위험 발생 가능성이 어느 정도일지는 도전하기 전에는 알 수 없습니다. 어떻게 하면 조증이 아닌 창조적 마니아가 되는지도 정확한 방법을 적확하게 알려드리기 힘듭니다. 당신은 인생의 중심을 잃지 않으면서도 거칠고 열정적으로 끊임없이 창조하는 사람이 될 자신이 있습니까? 확실하게 보장된 것은 없습니다. 하지만 이런 상상을 하는 것만으로도 흥분되지 않습니까?

모든 사람에게는 놀랄 만한 잠재력이 있다. 자신의 능력과 젊음을 무조건 믿어라.

– 앙드레 지드

Self-Coaching 4

1. 창의적인 활동을 위해서는 에너지가 필요합니다. 생각하고, 상상하고, 꿈꾸기 위한 정신적 에너지 말입니다. 당신에게 정신적 에너지는 부족하지 않을 만큼 충분한 가요? 다음 질문에 답해보세요.

질문 1 : 무엇이 당신의 정신적 에너지를 약화시키나요?

답변 1 :

질문 2 : 무엇이 당신의 정신적 에너지를 만들어내나요?

답변 2 :

질문 3 : 당신은 어떻게 정신적 에너지를 재충전하나요?

답변 3 :

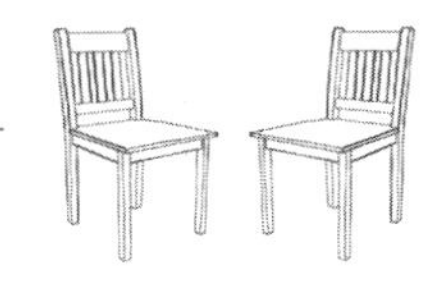

2. 현재 진행 중인 일이나 프로젝트를 머릿속에 떠올려보세요. 만약 진행 중인 것이 없다면, 앞으로 꼭 하고 싶은 일을 떠올리세요. 이제 당신의 일이나 프로젝트를 성공리에 실행하기 위해 정신적 에너지를 높여줄 단어나 문장을 생각해보고, 다음과 같이 에너지 일기장에 써보세요.

에너지 일기장

날짜	일/프로젝트	에너지 문장
8월 1일	기획서 작성	기획서를 채워나가면 일이 더 구체적으로 진행될 거야! 이번 기회로 내가 성장하게 될 거야!

Achieving a centered presence

Week 5

마음의 중심을 잡을 것

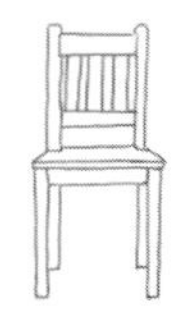

내 안의 창의성을 만나기 위해서는 어떠한 상황에서도 창작활동을 멈춰서는 안 됩니다. 마음이 심란해도, 초조해도, 걱정이 커도, 우울하거나 신경이 날카롭게 곤두서 있더라도 '마음의 중심'을 잡아야 합니다. 어떻게 하면 될까요? 한 가지 방법 '마음 호흡법'을 소개하겠습니다.

마음 호흡법은 '여섯 번의 호흡'과 '여섯 번의 생각'으로 구성된 1분 기법으로 마음의 중심을 잡는 데 도움을 줍니다. 마음 호흡법을 익히고 나면 어떤 상황에서도 불안해하지 않고 평정을 유지할 수 있습니다. 무엇보다 외부의 도움이 아니라 자력으로 마음의 중심을 잡을 수 있습니다. 호흡을 의식하면서 깊은 호흡(복식호흡이라고 생각해도 좋습니다)을 하는 방법을 익혀야 합니다. 깊은 호흡은 가장 자연스러운 호흡법이지만 평소에 우리는 얕고 빠른 호흡을 합니다. 마음 호흡법은 대략 이렇습니다.

자신의 호흡에 주의를 기울이면서 천천히 숨을 들이마시고 내쉬면서 서서히 깊은 호흡으로 들어갑니다. 폐가 공기로 가득 차는 느낌이 들 때까지 천천히 그리고 길게 숨을 들이 마십니다. 그리고 1~2초 정도 멈춘 뒤 공기가 폐에서 완전히 빠져나갈 때까지 숨을 천천히 내쉽니다.[01]

천천히 그리고 깊게 호흡하기가 어렵다면 숨을 들이쉬면서 마음

01
눈을 감고 편안하게 앉은 자세로 연습하면 좋습니다. 몸과 마음이 차분하게 가라앉도록 의식적으로 노력하세요.

속으로 하나, 둘, 셋, 넷, 다섯 숫자를 세고, 숨을 내쉬면서도 다섯까지 헤아려보세요. 서두르지 말고 느긋하게 숫자를 세면서 숨을 깊게 들이마시고 내쉬세요. 공기를 들이마셔서 폐를 최대한 팽창시키면 빨리 내쉬게 됩니다. 긴장하거나 폐가 과도하게 팽창하기 때문입니다. 연습이 더 필요하다는 뜻입니다. 시간을 두고 깊은 호흡을 완벽하게 익힐 때까지 계속 연습하세요.

다음 단계를 알려드리겠습니다. 숨을 들이마시는 것을 절반으로, 그리고 내쉬는 것을 절반으로 나누어 생각하세요. 들숨과 날숨이 생각을 담아두는 상자라고 생각하세요. 예를 들어 숨을 들이마시면서는 '푸른'이라는 생각을 담고 내쉬면서는 '바다'라는 생각을 담는다고 생각하는 거죠. 눈을 감은 채 숨을 깊게 들이마시면서 '푸른'을 생각하고 내쉬면서 '바다'를 생각해보세요.[02]

길고 깊은 호흡을 편안하게 하기 위해서는 호흡을 할 때 마음속에 떠올리는 구절을 나누는 것이 중요합니다. 들숨 때 '푸른'을, 날숨 때 '바다'를 생각하는 것처럼 말이죠. 인위적으로 구절을 나누어 생각하면서 호흡하는 것이 이상하고 부자연스럽다고 여기는 사람도 있을 겁니다. 사람마다 느끼는 바가 다르므로 이 방법이 모든 사람에게 딱 들어맞을 수는 없습니다. 자기 자신이 가장 편하게 느끼는 방법으로 연습하고 익히는 것이 중요합니다.

02
이미지를 떠올리지 않고 깊은 호흡에 도전해보세요. 이미지를 연상하며 깊은 호흡을 할 때와 이미지 없이 깊은 호흡을 할 때 어떤 차이가 있는지 느껴보세요.

좀 더 긴 문장을 이용해볼 수도 있습니다. 예를 들어 '기분 좋은 시골길 산책'을 '기분 좋은'과 '시골길 산책'으로 나눠서 앞부분을 들숨 때, 뒷부분을 날숨 때 머릿속에 그려보는 겁니다. 문구를 나눌 때는 길이의 균형을 정확히 맞추는 것도 중요합니다. 만약 '큰 강아지'를 떠올리며 호흡을 한다면 '큰'이라는 단어는 숨을 들이마시는 동안에 길게 늘려서 생각해야 합니다. '큰·' '강·아·지'라고 짧게 끊지 말고 '크---은'으로 늘려서 생각하고 내쉬면서 '강-아-지'라고 생각하는 것이죠. 앞부분과 뒷부분 길이의 균형을 맞춰야 합니다. 숨을 들이마시면서 '큰'을 길게 늘리고 '강아지'라는 단어를 앞부분의 길이에 맞춰 머릿속에 떠올려봅니다. 깊은 호흡을 하는 동안 활용할 문구를 절반으로 나누고, 숨을 들이마시고 내쉬는 동안에 맞추어 늘리거나 짧게 만들어서 머릿속에 떠올립니다. 자연스럽고 긴, 그리고 깊은 호흡 동안에 완전히 채워지도록 다음 구절을 절반으로 나눠서 머릿속에 떠올리는 연습을 해보세요.

나의 형 / 존과의 식사
나의 형 존과의 / 특별한 식사
나의 형 존과 함께한 / 아주 특별한 식사
나는 / 아티스트
파리 / 프랑스
난 / 정말 괜찮아
두꺼비 두 마리와 / 악어 한 마리

어떤 구절은 절반으로 나누기가 쉽지 않을 겁니다. 긴 것도 있고 짧은 것도 있어서 호흡의 길이에 정확히 맞추는 것이 어려울 수 있습니다. 이제 시작이므로 이 단계에서는 어떤 문장들은 한 번의 길고 깊은 호흡에 쉽게 채워지는 것도 있고, 또 절반으로 자연스럽게 나누어지는 것도 있지만 그렇지 않은 것도 있다는 것을 염두에 두세요.

호흡과 생각

마음 호흡법을 시작하기 전에 앞에서 말한 두 가지 준비 연습-깊은 호흡과 호흡하는 동안 문구를 머릿속에 떠올리기-을 해봅니다. 마음 호흡법을 시작하기 위해서는 이 단계의 연습이 중요합니다. 다음은 마음 호흡법 6단계입니다.

1단계 : 완전히 멈춘다.
2단계 : 마음을 비운다.
3단계 : 하려는 일에 이름을 부여한다.
4단계 : 나를 믿는다.
5단계 : 현재를 받아들인다.
6단계 : 활력을 되찾는다.

다음은 마음 호흡법에 활용되는 생각 문구 여섯 가지입니다. 숨을 들이마시고 내쉴 때 이 문구를 어떻게 나눌지 보여주기 위해 괄호로 나눠놓았습니다.

1단계 : (완전히) (멈춘다)

2단계 : (마음을) (비운다)

3단계 : ( ) ( )

4단계 : (나를) (믿는다)

5단계 : (현재를) (받아들인다)

6단계 : (활력을) (되찾는다)

3단계의 빈 괄호에는 당신이 하고자 하는 일, 하고 싶은 일을 채워 넣으면 됩니다. "(소설을) (쓴다)" 혹은 "(공연을) (시작한다)" "(자신감을) (되찾는다)" 등이 될 수 있겠죠. 3단계에서 다음과 같이 말해보세요. "지금 이 순간 내가 가장 하고 싶은 일은 무엇인가?" 일정한 기간 동안 한 가지를 선택해서 해야 일로 결정하고 이것을 문구로 활용할 수도 있습니다. 이렇게 정하고 나면 다음과 같은 순서로 마음 호흡법을 연습하면 됩니다.

1단계 : (완전히) (멈춘다)

2단계 : (마음을) (비운다)

3단계 : (나는) (아티스트다)

4단계 : (나를) (믿는다)

5단계 : (현재를) (받아들인다)

6단계 : (활력을) (되찾는다)

또는,

1단계 : (완전히) (멈춘다)

2단계 : (마음을) (비운다)

서가는

책은 읽는 것이 아니라 느끼는 것이라는 생각,
지친 누군가에게 생각을 나누고 보듬어 줄 수 있는 공간이 필요하다는 생각,
이렇게 작은 생각들이 모여 우리의 몸, 마음, 삶이 행복해질거라 믿습니다.
여기, 이런 작은 생각들이 씨앗이 되어 만들어진 마음 읽는 공간,
건강과 행복을 찾는 책방이 있습니다.

도서출판 생각속의집이 만든 마음책방 서가는입니다.

도서 판매, 독서치료, 강연회와 워크숍 등 다양한 심리치유 프로그램을 실행

도서출판 생각속의집에서 만든 마음 읽는 공간

마음책방 **서가는**

3단계 : (글쓰기를) (시작한다)

4단계 : (나를) (믿는다)

5단계 : (현재를) (받아들인다)

6단계 : (활력을) (되찾는다)

또는,

1단계 : (완전히) (멈춘다)

2단계 : (마음을) (비운다)

3단계 : (마음을) (진정시킨다)

4단계 : (나를) (믿는다)

5단계 : (현재를) (받아들인다)

6단계 : (활력을) (되찾는다)

마음 호흡법에서 3단계는 가장 흥미롭지만 복잡합니다. 마음 호흡법을 연습할 때 당신이 성취하고자 하는 것을 자기 자신에게 선언합니다. "마음을 침착하게 할 거야." "다시 소설을 쓰기 시작할 것이다." 당신이 원하는 상태나 구체적으로 하고 싶은 일을 언어로 표현하면 됩니다. 선언은 그대로 의지, 목표, 계획이 됩니다. 신중하게 결정한 당신만의 문구[03]는 창작 작업을 하는 동안 큰 힘이 될 겁니다.

하고자 하는 것이 무엇이든 선언의 주제가 될 수 있습니다. 글쓰기, 그림 그리기, 옷장 정리 등 원하는 것을 말로 선언하는 겁니다. "퇴근 후 글을 쓸 것이다"라거나 "마트에서 장을 보고 돌아와서 옷장을 정리할 것이다"처럼 당신이 할 일을 표현할 수도 있습니다. 용기나 인내심처럼 당신이 갖고 싶고 실천하고 싶은 성품

03
평소 즐겨 읽거나 암송하는 문장을 작업하는 공간에서 자주 볼 수 있도록 배치하면 마음의 중심을 잡는 데 도움이 됩니다.

이나 마음가짐을 선언할 수도 있습니다. 침착한 상태를 유지하고 싶다거나, 열정적이고 싶다거나, 마음의 중심을 잡고 안정된 상태로 있고 싶다는 것도 가능합니다. 다음의 예처럼 수많은 일을 선언문으로 만들 수 있습니다.

(나는) (아티스트다)
(용기를 내어) (일을 한다)
(나는 오늘) (침착하다)
(완전히) (자신을 받아들인다)
(큰 기회가) (올 것이다)
(나는 전화를) (걸 것이다)
(나는 대화를 할) (준비가 되어 있다)
(나는 창조성을) (회복하고 있다)
(예전보다 더) (열심히 할 것이다)
(새로운 것에) (빠질 것이다)

마음 호흡법 연습하기

지금 바로 마음 호흡법을 경험해보기 바랍니다. 스스로 연습을 시작하기 전에 3단계에 넣고 싶은 당신만의 선언문을 생각해보세요.
"나는 이 훈련으로 무엇을 얻고 싶은가?"
"내가 하는 일에 어떤 도움을 받고 싶은가?"
답이 나왔다면 본격적으로 시작할 준비가 된 것입니다. 6단계를 순서대로 기억한다면 눈을 감고 시작해보세요. 기억하지 못한다면, 눈을 뜨고 각각의 단계를 확인하면서 해도 됩니다. 처음부터 능숙하게 잘할 필요는 없습니다.[04]

04
호흡을 할 때 들이마시고 내쉬는 공기의 양이나 간격에 신경을 쓰세요. 이 과정의 목표는 각 단계를 천천히 진행하는 것입니다.

여섯 번의 깊은 호흡을 하면서 한 번에 한 문장씩, 숨을 들이마실 때와 내쉴 때로 나눠서 여섯 문장을 마음속으로 생각합니다. 끝난 뒤 어떤 느낌이 드는지 의식적으로 주목해보세요. 마음이 안정되고 중심이 잡히는 느낌이 들었다면, 앞으로 필요할 때 이것을 언제든지 활용할 수 있도록 준비해두세요. 그리고 언제든지 활용할 수 있는 자기만의 방법을 있다는 것을 마음속에 새겨두세요.

완전히 멈추고 나 자신을 바라본다

저는 한 달간 200명의 지원자들을 대상으로 마음 호흡법을 교육하기로 했습니다. 그들에게 이메일로 레슨 자료를 보냈습니다. 베를린, 방콕, 보이시(Boise, 미국 북서부에 있는 도시), 부에노스아이레스에서 답장이 오기를 기다립니다. 교육에 지원한 예술가의 4분의 3은 미국에 살고 나머지는 그외 지역에 삽니다. 새벽 6시 30분, 날이 밝아오기 시작합니다. 저는 연습의 첫 단계인 '완전히 멈추기'에 관한 자료를 이메일로 보냅니다. 내용은 다음과 같습니다.

> 오늘은 마음 호흡법의 첫 단계인 '완전히 멈추기'에 관해 살펴봅시다. 현실의 삶에서는 마음의 중심을 잃거나 인생의 소명에 집

중할 수 없도록 방해하는 일들이 끊임없이 일어납니다. '완전히 멈추기'는 이런 일들이 발생하는 원인에 대처하기 위한 것입니다. 의무와 책임은 우리를 재촉하고 서두르게 합니다. 많은 일을 한꺼번에 처리해야 하고 걱정을 하게 됩니다.

우리 대부분은 자신이 진정으로 바라는 삶을 살고 있지 않다는 것을 깨닫지 못합니다. 자신의 꿈을 이루지 못한 채, 진정한 인생의 소명을 실현하지 못한 채, 삶에서 의미를 만들지 못했다는 것을 인식하지 않으려고 달아나버립니다. 고통스런 진실을 외면하려고 우리는 몸과 마음을 계속 부산하게 만듭니다. 뭔가를 계속하는 것이죠. 이런 상황에서 벗어나는 유일한 방법은 자신에게 명령하는 것입니다. "완전히 멈춰라." 우리 자신에게 말해야 합니다. "여기서 멈춰야 한다." 완전히 멈추지 못한다면 걱정, 불안, 우울, 좌절감에 휩싸인 채 벼랑 끝에 서게 될지 모릅니다. 쫓기는 것 같고, 마음을 빼앗겨버릴 것 같은 두려움에서 벗어나는 유일한 방법은 지금 여기서 멈춰 자신을 보는 것입니다. 한밤중에 잠에서 깼는데 구석에 누군가 숨어 있다는 소름 끼치는 생각이 들었을 때 무서운 느낌을 떨쳐내려면 불을 환하게 밝히면 됩니다. 완전히 멈춰서 분명하게 바라볼 수 있다면, 자신이 느끼는 두려움은 실체가 없고 연기 같다는 것을 깨닫게 됩니다. 스스로를 재촉하지 않고, 뛰어가도록 몰아세우지 않고, 완전히 멈추면 두려움은 사라집니다.

어떤 두려움은 쉽게 사라지지 않습니다. 걱정과 공포, 자각에 대한 저항, 무능감처럼 끈질기게 따라붙는 심리상태에 쫓기며 끊임없이 달려 나가다 보면 탈진하고 맙니다. 계속 쫓기듯 달려가기만 해서는 두려움에서 벗어날 수 없습니다. 두려움이 현실적인 것이라 할지라도 그것을 떨쳐버리는 유일한 방법은 일단 멈춰서 그것을 정확하게 바라보는 것입니다.

"나는 사기꾼이야." "나는 수줍음을 많이 느껴." 이런 자기비난을 떨쳐버릴 유일한 방법은 완전히 멈춰서 비난의 목소리를 정확히 듣는 것입니다. 이렇게 해야 두려움을 떨쳐버릴 수 있습니다. 자기비난의 목소리를 무력화시킬 수 있습니다.

'완전히'를 생각하며 숨을 천천히 그리고 깊게 들이마십니다. 그리고 '멈춘다'를 생각하면서 천천히 그리고 끝까지 숨을 내쉽니다. 완전히 멈추는 것은 단순히 머릿속에 문구를 떠올리는 정도가 아니라 생각이 완전히 멈추는 단계에 도달할 때에야 비로소 경험하게 됩니다. 진실한 느낌이 중요합니다. 쫓기듯 재촉하는 것이 아니라 모든 것을 내려놓고 완전히 멈춰서 감정을 여는 것이 중요합니다.

현재의 모든 것에서 벗어나 완전히 멈추려고 할 때 떠오르는 생각과 느낌을 기록하고 싶을 수 있습니다. 어쩌면 강렬한 두려움을 느끼거나 걱정하고 실망할지도 모릅니다. 마음 호흡법은 이런 두려움과 걱정을 이겨낼 수 있도록 짜여 있습니다. 이것이 어떻게 효과를 발휘하는지는 실제 연습을 통해서만 확인할 수 있습니다. 우선 마음 호흡법의 첫 단계인 '완전히 멈추기'에 전념해 보세요. 용기를 내서 진심으로 현재의 모든 것을 내려놓고 '완전히 멈추기' 위해 노력해보세요.

오후에 첫 번째 답장이 도착했습니다. 메인 주에 사는 화가 캐서린이었습니다.

내 안의 두려움으로 내가 하는 일과 생각에서 벗어나 완전히 멈추는 것이 어려웠습니다. 선생님께서 보내주신 레슨을 연습한 뒤에야 마음이 안정되었습니다. 어떤 힘, 사랑의 느낌을 받을 수 있었고, 호기심 어린 기대감도 생겼습니다. 이 순간 완전히 멈추고 마음의 중심을 잡으라고 말하는 내면의 소리가 필요했습니다. 지금까지는 진정한 나 자신에서 멀리 달아나려고 했습니다. 어린 시절부터 갖고 있던 트라우마[05]에서 도망치고 있었습니다. 나 자신의 존재 그 자체가 트라우마를 다시 생각나게 했던 것 같습니다. 그래서 나 자신으로부터 도망치려고 했습니다. 하지만 내 직업과 내 가족, 내가 해야만 하는 일, 남자친구, 나의 모든 것으로부터 달아나려고 했던 것이 해결책이 될 수 없음을 깨달았습니다. 변해야 한다고 생각했습니다. 선생님께서 알려주신 방법으로 제가 변할 수 있을 것 같습니다.

05. 트라우마
과거에 어떤 사건이나 기억으로 인한 정신적 충격을 말한다. 사건 당시에 받았던 강력한 충격이 정신 건강에 영향을 미쳤고 그 상황이나 분위기가 반복될 때 당시의 감정을 그대로 느끼게 된다.

오클랜드에 사는 조각가 수잔의 메일도 볼까요.

나에게는 부처님께서 말씀하신 '원숭이 마음'과 같은 산만함이 있습니다. 그래서 '완전히 멈춘다'는 것은 매우 어려운 일입니다. 집중하지 못하는 나 자신을 질책해왔습니다. 원숭이 마음 때문에 명상에 몰입할 수 없었습니다. 그러나 몇 분간은 침묵할 수 있었습니다. 몸에 숨을 불어 넣으며 작은 평온과 멈춤을 느낄 수 있었습니다. 하지만 곧 내 안의 원숭이가 다음 단계를 가리키며 "가자, 다음으로!"라고 했습니다. 충분히 연습하지 않아서겠죠? '완전히 멈춘다'는 것을 부정적으로 생각하지 않으려고 나 자신과 오랫동안 싸우고 있습니다. 나에게 '완전히 멈추기'는 내버려두기이며, 지금 이 순간에 존재하기이고, 과거와 미래에 대한 생각이 그냥 흘러가도록 놓아두기입니다. 침묵하기이며 움직이지 않고 나의 육신에 머물러 있기입니다. 우리는 생각 속에서 많은 시간을 보내므로 육신에 머문다는 것은 충격이자 즐거움이기도 합니다. 인간은 육신에 살고 있는 영혼이지 영혼이 되고 싶은 육신이 아니니까요.

답장은 저녁까지 계속 이어졌습니다. 세계 곳곳에서는 지금 이 순간에도 수많은 사람이 마음의 중심을 잡으려고 노력하고 있습니다. 자기 안의 빛나는 가능성을 찾아가는 이들을 떠올리며 저는 행복한 저녁을 보내고 있습니다.

아무것도 변하지 않을지라도
나의 관점이 변하면 모든 것이 변한다.

- 오노레 드 발자크

Self-Coaching 5

1. 창의적인 생각은 안정된 호흡에서 나옵니다. 마음이 심란하고 불안해도 '마음의 중심'을 잃지 않아야 합니다. 여기에 '마음 호흡법'이 도움이 됩니다. 앞서 배운 '여섯 번의 호흡'과 '여섯 번의 생각'으로 구성된 '1분 마음호흡법'으로 마음의 중심을 잡아봅시다.

마음호흡법 따라하기

1. 자신의 호흡에 주의를 기울이면서 천천히 숨을 들이 마시고 내쉽니다.
2. 숨을 들이쉬고 내쉬는 동안, "하나, 둘, 셋, 넷, 다섯" 하고 마음속으로 숫자를 세어봅니다.
3. 서두르지 말고 느긋하게 숫자를 세면서 숨을 깊게 들이마시고 내쉬세요.

2. 이번에는 호흡하는 동안 머릿속에서 원하는 문장을 떠올려봅니다. 호흡과 생각은 긴밀히 연결되어 있습니다. 호흡하면서 문장을 앞과 뒤, 두 부분으로 나누세요. 그리고 숨을 들이마실 때 앞부분을 생각하고 내쉴 때 뒷부분을 생각해보세요(아래 내용 참고).

① (나는) (아티스트다)

② (용기를 내어) (일을 한다)

③ (나는 오늘) (침착하다)

④ (마음이) (평온하다)

⑤ (완전히) (자신을 받아들인다)

⑥ (큰 기회가) (올 것이다)

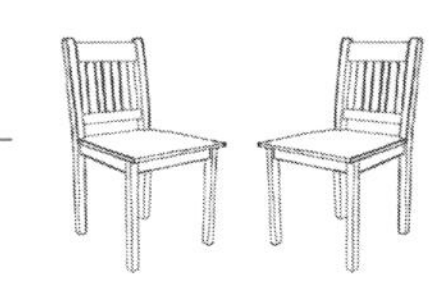

3. 괄호 안에 당신이 원하는 문장을 총 6가지로 채워서 넣으세요. 그리고 위에서 배운 호흡법대로 한 번의 호흡에 한 개의 문장을 생각해보세요.

① ( ) ( )

② ( ) ( )

③ ( ) ( )

④ ( ) ( )

⑤ ( ) ( )

⑥ ( ) ( )

Becoming an anxiety expert

Week 6
불안감을 잘 다스릴 것

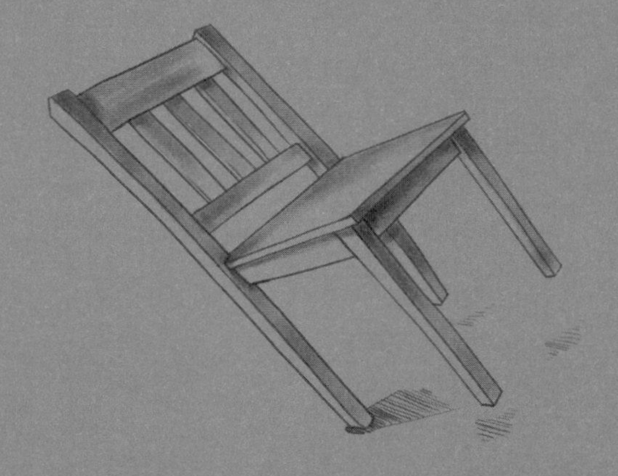

불안은 우리가 일에 몰입하는 것을 방해합니다. 인생에서 중요한 선택을 할 때 불안 때문에 무언가를 선택하거나 혹은 포기하곤 합니다. 예를 들어 '컴퓨터 엔지니어는 안정된 직업이지만 예술가로 사는 것은 불안하지 않을까?'라는 생각 때문에 인생에서 모험을 포기합니다. 또는 '뜨개질은 잘할 수 있지만 미술은 잘할 수 없을 것 같아 불안해'라며 예술에 도전하지 못하고 '뉴욕에서 살고 싶지만 뉴욕은 무서운 도시 같아'라며 자신이 원하지 않는 곳에서 살기로 결정하고 '창작을 하면서 어려움을 겪느니 편하게 지내는 게 낫지'라며 예술 활동을 일상에서 제외해버립니다.

불안이란 무엇일까요? 일반적으로 불안은 '비이성적 공포'로 정의됩니다. 사자 보호구역에서 텐트를 치고 자면서 사자의 공격을 두려워하는 것은 이성적으로 충분히 이해할 수 있지만, 도시의 주택에 살면서 침대에 누워 있는 자신을 사자가 공격할 것이라고 불안해하는 것은 비이성적입니다. 전자는 '공포'이고 후자는 '불안'입니다.

표면적으로는 이런 구분이 합리적인 것처럼 보여도 조금 더 깊이 들여다보면 공포와 불안을 쉽게 나눌 수 없는 상황도 많습니다. 도시에 사자가 나타나 헤칠지도 모른다는 생각은 확실히 비이성적이지만 수많은 관객 앞에서 피아노 연주를 망치거나, 집필 아이디어를 출판사 사장이 부정적으로 평가하거나 텅 빈 캔버스 앞에서 앞으로 완성될 작품이 졸작이 될지 모른다는 생각 때문에 느끼는 불안을 비이성적이라고 할 수 있을까요? 그렇지 않겠죠. 이런 종류의 불안은 현실에 뿌리를 두고 나름의 합리적인 근거에 바탕을 둔 것이니까요.

예를 들어보죠. 당신은 훌륭한 피아니스트가 되고 싶습니다. 세계적인 피아노 콩쿠르에 출전하려고 합니다. 우승자에게는 세계를 돌며 연주할 기회가 주어지지만 단지 입상만 하면 별다른 혜택이 없습니다. 우승하지 못하면 피아니스트로서 성장할 수 없을지도 모른다는 불안을 느낄 수 있습니다. 이때의 불안이 과연 비이성적일까요? 만약 콩쿠르에서 우승한다면 유명한 피아니스트가 될 수 있습니다. 우승하지 못한다면 대학에서 피아노 이론을 가르치거나, 피아노 연주를 그만두게 될 수도 있습니다. 대회에서의 경쟁은 중요한 의미를 갖습니다. 결과를 떠나 대회에서의 경쟁은 인생을 바꾸어버립니다. 결과에 대한 두려움은 지극히 합리적이고 이성적이라고 이해할 수 있습니다.

우리는 미래에 대해 두려움을 느낄 때 불안해집니다. 자신의 이미지가 더럽혀질 것 같을 때 불안해집니다. 결코 팔리지 않을 것 같은 소설을 쓰는 데 1년이라는 시간을 허비했다고 느낄 때 우리는 불안해집니다. 오페라를 작곡했는데 관객들에게 연주될 가능성이 없을 것 같다는 생각이 들면 불안해집니다. 원래부터 자존감이 낮았는데 자존감에 상처를 받는 일을 겪을 것 같다면 불안해질 수밖에 없습니다. 감정적·육체적·실존적·영적 상태에 부정적 영향을 끼칠 것 같은 무언가를 해야만 할 때 우리는 불안해집니다.[01]

01
이런 불안을 느낀다고 해서 비이성적이라거나 비합리적이라고 할 수는 없습니다. 이런 불안은 지극히 이성적인 감정입니다.

화가가 빈 캔버스 앞에서 그림 그릴 준비를 합니다. 아무것도 그려지지 않은 캔버스 앞에 서 있는 것 자체는 아무런 위험도 없지만 그는 불안합니다. 이때 느끼는 불안과 두려움이 비이성적이라면 그에게 너무 모욕적이지 않을까요? 예를 들어보죠. 당신은 화가입니다. 당신은 라인하르트의 미술 작품처럼 검정색 단색화나 이브 클라인처럼 청색 단색화에 강한 매력을 느꼈습니다. 그래서 적색 단색화를 그리기로 결심했습니다. 그렇지만 동시에 정서적으로나 지적으로 단색화에 만족하지 못할지도 모른다는 불안을 느낍니다. 당신이 추구하는 예술 세계로 나아가지 못한 채 주변을 빙빙 돌고 있는 것은 아닐까, 더 나쁘게는 일생 동안 인정받지 못하는 보잘것없는 그림이나 그리게 되는 시작점은 아닐까 하는 불안감에 사로잡힙니다. 그렇지만 당신은 단색화에 진정으로 매료됐다는 것도 어렴풋하게 알고 있습니다.

이때의 불안은 어떤 의미일까요? 적색 단색화를 시작한다는 것은 시간 낭비일 뿐 아니라, 미끄러운 급경사를 내려오는 것과 같은 것일 수도 있습니다. 내면에서 이런 상황을 알아차리고 급경사길 아래로 굴러 넘어지지 않도록, 다치지 않도록 제동을 거는 것이 바로 불안입니다. 이때의 불안은 소파에서 일어나 작업실로

02
또 이런 불안은 위장에 탈이 나서 화장실을 들락거리게 만드는 신체적 증상으로 나타나기도 합니다.

움직이지 못하게는 하는 무거운 느낌으로 나타납니다.[02] 때로는 작업을 시작하기 전에 "카드뮴 적색 물감이 더 필요해"라거나 "이렇게 흐린 날에는 그림이 그려질 리가 없지"처럼 그림을 그리지 않으려는 변명으로 나타나기도 합니다. 급하게 달려드는 바람에 실수할 수 있다는 무의식적인 느낌이 불안으로 나타난 것입니다. 이런 불안은 당신을 보호해줄 수 있으므로 '고마운 선물'입니다.

하지만 불안의 다른 의미도 생각해볼 수 있습니다. 당신은 라인하르트와 클라인의 작품을 사랑합니다. 단색화에 깊이 매료되어 있습니다. 적색은 지난 100년 동안의 미술 작품에서 그 이전 1000년보다 더 많이 활용되었고, 마티스가 빨간색만으로 표현된 작품을 선보인 이후 20세기에 많이 사랑받은 색깔입니다. 하지만 라인하르트가 검정색으로 했던 것과 같은 페인팅을 적색으로 시도한 화가는 아무도 없었습니다. 당신은 이 사실에 놀랐던 것이고, 그래서 이런 시도가 의미 있다고 생각했습니다. 당신은 단색화를 넘어선 무언가를 이루고 싶었고, 단색화 페인팅 작업은 단지 또 다른 목표에 이르는 디딤돌이라고 여깁니다. 그렇지만 한 가지 색깔로 표현할 수 있는 것에 대해 예술적 깨달음을 얻기 전까지는 화가로서 두각을 나타내지 못할 수 있다고 느낍니다. 많은 화가와 비평가가 단색화는 시대에 뒤쳐지는 스타일이고 표절 행위라고 인식할 수도 있다는 위험이 불안을 일으킨다는 사실을 인식하지 못하고 있습니다. 만약 단색화가 당신의 예술 인생에서 거쳐 가야 하는 중요한 과정이라고 분명하게 인식한다면 비평가나 다른 화가의 견해는 중요하지 않은 것입니다. 그러므로 불안의 의미에 대한 첫 번째 해석이 '고마운 선물로서의 불안'이었다면, 두 번째 해석은 '저주와 같은 불안'이라고 할 수 있습니다. 불안을 느끼는 이유가 전자에 해당한다면 단색화 작업을 계속하는 것은 좋지 않은 아이디어라고 생각하기 때문입니다. 이때는 불안에 주의를 기울여야 합니다. 만약 후자에 해당한다면 이때는 불안을 인정하고 수용하고 극복해야 합니다. 왜냐하면 단색화 작업은 당신의 예술 인생에서 반드시 필요한 과정이기 때문입니다. 불안에 관한 두 가지 해석을 보면, 불안은 무조건 물리쳐야 하는 '적'이 아닙니다. 불안은 다가올 위험에 대한 경보 시스템으로 중요한 기능을 합니다. 우리가 실제로 위협을 느낄 때는 불안이 알려주는 경고에 주의를 기울여야 합니다. 그러나 우리가 느끼는 위협이 사실이 아니라 마음에서 만들어진 것이라면, 이때의 불안은 극복해야 합니다. 이상한 예감이 든다면 수상한 사람과 엘리베이터를 타지 않는 것이 현명합니다. 하지만 비행기 타는 것이 불안하더라도 전시회 개막식 행사에 참석하기 위해서라면 불안을 극복하고 비행기를 타는 것이 현명한 대처입니다. 이 두 가지 예에서 불안은 단지 위험신호에 불과합니다. 그러므로 각각의 상황에 따라 불안이 무엇을 의미하는지, 무엇을 알려주고자 하는지 정확히 이해할 수 있어야 합니다.

불안이 우리에게 보내는 경고 시그널[03]에 주의를 기울일지, 아니면 수용하고 극복할지는 '각각의 상황'에 따라 다르게 판단해야 합니다. 불안하고 정서적으로 불쾌하다고 해서 반사적으로 반응해서는 안 됩니다. 불안이라는 경고 시그널을 반사적으로 무시해버린다면 무모하게 행동하거나 도움이 되지 않고 해만 끼치는

03
프로이트는 위험을 알려주는 신호가 불안에 있다고 하여 신호 불안(signal anxiety)이라고 불렀습니다.

선택을 하게 될 수도 있습니다. 반대로 불안의 경고 시그널에 지나치게 조심스럽고 소심하게 대응한다면 걱정하고 겁에 질려 위축되고 말 겁니다. 우리의 목표는 일상에서 느끼는 불안의 경고 시그널을 무시하지도 않고, 소심하게 대응하지도 않는 것입니다. 불안을 정확히 인식하고 평가하며, 불안의 진짜 의미를 이해해 상황에 따라 현명하게 대처할 수 있어야 합니다.

내 안의 불안감 인식하기

'불안 전문가'라면 언제 불안을 느끼는지 알고, 그것이 발생한 이유가 무엇인지 이해하며, 불안의 시그널에 따라 주의할지 아니면 극복해야 할지 결정할 수 있어야 합니다. 무엇보다 불안을 자각하는 것이 매우 중요합니다. 사람들은 대체로 불안을 솔직하게 인정하기보다는 불안을 인식하지 않으려고 방어합니다. 실제로 불안할 수밖에 없는 상황에서도 '피곤하다, 지루하다, 혼란스럽다, 우울하다, 초조하다, 몸이 좋지 않다'는 언어적 속임수로 자신을 속이고 불안의 존재 자체를 인정하지 않으려고 합니다.

오직 자신만이 삶에서 느끼는 불안의 존재를 용감하게 인정할 수 있습니다. 불안감에 휘둘리지 않기 위해서 불안 전문가가 되고자 한다면 불안 일기(anxiety journal)를 쓰는 것을 권합니다. 항상 불안 일기장을 가지고 다니면서 하루에 있었던 일에 대한 당신의 반응을 관찰해보세요. 원하는 일을 시작해야 할지 말지, 소설을 계속 쓸지 아니면 그만둬야 할지 고민하는 상황 등 매일 맞닥뜨리는 상황에서 감정의 반응을 관찰하고, 어떤 상황에서 불

안을 느끼고 그것이 어떻게 표현되는지를 인식하려고 노력해보세요.[04]

불안 전문가가 되려면 불안을 다루는 방법을 익히고, 창의적 활동에서 찾아오는 불안의 원인을 이해할 수 있어야 합니다. 당신이 소설가라고 가정해보죠. 당신은 집필이 거의 끝나가는 소설 때문에 불안합니다. 이런 경우는 대부분의 작가가 자각하지 못하는 몇 가지 평범한 이유 때문에 불안을 느끼게 됩니다. 지금 바로 소설을 다시 읽어보고 마음에 들지 않는 부분이 없는지 확인해야 하고, 다른 작가들도 하기 싫어하는 소설 시놉시스를 써서 출판사와 편집자에게 연락해야 하고, 소설을 쓰는 동안 애정을 쏟았던 등장인물들과 작별해야 하고, 다음 소설을 구상해야 합니다. 그리고 다음 소설을 쓰기 시작하면 이런 불안의 과정은 또 다시 반복됩니다.

이런 과정에서 불안을 느끼는 것은 당연합니다. 하지만 이런 문제들을 생각하지 않으려고 하므로 소설이 완성되어가는 시점이 되어서도 불안을 자각하고 받아들이지 못합니다. 한 주를 쉬고 한 달을 쉰 뒤에도 소설을 끝내지 못한 채 이렇게 말합니다.

"소설을 어떻게 끝맺을지 도무지 떠오르지 않아!"

마음속에 솟아나는 불안을 어떻게든 회피하려고 합니다. 하지만 불안을 능숙하게 다룰 줄 아는 작가는 소설이 끝날 무렵부터 생기는 불안의 이유를 잘 이해하고, 소설이 완성될 시점이 되면 오히려 더 불안해질 수 있다는 것을 자각합니다. 그래서 자신이 느끼는 불안의 원인을 최대한 냉정하고 솔직하게 이해하려고 노력하고, 차분하게 대응할 수 있습니다.

04
예를 들어 정신적 혼란, 인지 왜곡, 근육 긴장, 손 떨림, 땀 흘림 같은 육체적 불안 반응 등.

불안의 감정 이해하기

05. 불안의 감정을 이해하는 4단계
1단계 : 소리 내어 말하기
2단계 : 자문하기
3단계 : 질문에 답하기
4단계 : 적응해보기

내 안의 불안을 이해하기 위해 다음에 제시하는 4단계[05]를 연습해봅시다.

1단계 : 소리 내어 말하기

창의적 활동에서 당신이 거쳐야만 하는 과정을 소리 내어 말해보는 것입니다. 작업 과정이 완벽하게 머릿속에 떠오르지 않거나 분명하게 그려지지 않는다면 그 과정 중 일부만이라도 마음속에 그려보세요. 그리고 소리 내서 말합니다. "매일 새로운 마음으로 페인팅 작업을 시작할 것이다." "이번 주에 프로젝트 기획안을 반드시 완성할 것이다." 또는 "내 작품으로 전시회를 열 것이다."

2단계 : 자문하기

"나는 왜 창작과정에서 불안을 느끼는가?" 만약 당신이 창작과정의 한 부분만을 상상한다면 질문은 조금 달라집니다. "페인팅 작업이 거의 완성되어갈 무렵에 나를 불안하게 하는 것은 무엇일까?"라고 구체적으로 질문할 수 있습니다. 왜 불안한지, 불안이 어떤 형태로 나타나는지 소리 내서 말로 표현해봅니다.

3단계 : 질문에 답하기

"창작과정에서 예측 가능하고 규칙적으로 찾아오는 불안을 효과적으로 처리하기 위해 내가 할 수 있는 것은 무엇일까?" 아마 대답은 이럴 겁니다. "어떤 불안은 반드시 내가 겪어야만 한다는 것을 이해하자. 이런 불안으로부터 도망갈 수 없다는 것을 알아야 한다." 또는 "불안을 경험할 때 효과적으로 다룰 수 있는 호흡법을 시도할 준비가 되어 있는가?"라고 스스로에게 확인해봅니다.

4단계 : 적용해보기

실제 작업에 들어갈 때, 앞서 연습한 모든 단계를 실제로 적용해보는 것입니다.

불안은 실재 혹은 가상의 위험에 대한 경고입니다. 그러므로 우리가 느끼는 모든 불안을 없애겠다는 것은 적절한 목표가 아닙니다. 우리는 대부분 위험한 상황을 가급적이면 적게 경험하고 싶어 합니다. 당신이 다른 사람들의 비평이나 평가를 자신에 대한 공격으로 받아들이지 않을수록, 미지의 세계에 대한 두려움이 적을수록, 창작 작업에 대한 두려움이 적을수록 불안은 약해집니다. 없앨 수도 없고, 어떻게 할 수도 없는 나머지 불안에 대해서는 그 의미를 잘 이해하고 현명하게 대처하는 것도 당신의 몫입니다.

내 안의 불안을 감싸 안는다

앤드류는 영국인 저널리스트입니다. 그는 언론계에서 명성을 쌓았고, 그가 진행하는 BBC 라디오 방송이 좋은 프로그램으로 선정되어 상을 받기도 했습니다. 그는 지난 10년간 영국에서 멀리 떨어진 여러 나라를 다니며 뉴스를 진행하고, 대중이 관심을 보일 만한 기사를 신속하게 보도했습니다. 지금은 런던대학교에서 매년 열 명 정도 저널리스트만을 대상으로 하는 펠로우십[06]

06. 펠로우십
학교에서 일이나 연구를 하면서 받을 수 있는 장학금.

과정을 밟고 있습니다. 그는 책을 쓰기 위한 시간과 경제적 지원이 필요해 펠로우십 과정에 지원했지만 여전히 책을 쓰지 못하고 있습니다.

앤드류의 행동은 아내를 힘들게 했습니다. 하루는 A라는 책에 대해 열의를 보이며 아침식사 시간 내내 아내에게 그 책 이야기를 했습니다. 아내는 "좋은 것 같아요. 당장 써보세요"라며 남편의 사기를 북돋아주었습니다. 하지만 다음날 그는 A라는 책을 내팽개치고 B라는 책에 대해 열성을 보였고, 토스트를 먹으며 그 책 내용을 아내에게 설명했습니다. 아내는 "예감이 아주 좋아요. 써봐요"라며 또 남편을 지지해주었습니다. 한 달이 지난 후 그는 다시 새 책에 열정을 보이며 쉴 새 없이 아내에게 설명하려고 했습니다. 그러자 아내가 말했습니다. "미국에 있는 창의력 코치와 상담해보는 것이 어떻겠어요? 나는 당신의 이야기를 더 들어줄 수가 없어요!"

앤드류는 저에게 연락했고, 우리는 이메일을 주고받으며 상담을 하게 되었습니다. 이메일을 주고받으면서 그가 73±12가지의 집필 아이디어를 갖고 있다는 것을 알게 되었습니다. 이메일을 주고받은 지 2주가 되었을 때 73가지 중에서 그가 진정성 있게 관심을 갖는 것은 하나도 없다는 사실을 알게 되었죠. 대부분은 누군가가 이미 책에 쓴 이야기였고, 대중의 관심을 끌 만한 것이 거의 없었습니다. 'A라는 아이디어는 B라는 결점이 있고, C라는 주제는 D라는 문제가 있고, E라는 소재는 F를 제외하곤 나름 괜찮아서 G로 보완할 수 있지만 H가 발생할 위험이 있을 것 같아'라는 식이었습니다. 결국에는 아무것도 할 수 없었고 엉망진창이 되어버렸습니다.

그는 아이디어가 새로 떠오르는 순간, 조바심을 내며 현재 작업 중인 것을 내팽개치고 새로운 것을 향해 돌진했습니다. 처음에는 그럴 듯하게 진행하다가 결점을 발견하는 순간 또 다시 새로운 것을 향해 매진하고 이전 것은 총알보다 빨리 내던져버렸습니다. 또 얼마 지나지 않아서 여전히 문제점은 눈에 보이지만 문제가 될 만한 열 개 중 두 개는 해결되어 다른 것보다 훨씬 더 그럴 듯해 보이는 첫 번째 아이디어로 되돌아옵니다. 사이버 공간으로 떨어져 있기 망정이지, 가까이 있었다면 저도 그의 아내처럼 그의 이야기를 더 듣기 힘들었을지 모릅니다. 제가 그의 아내에게 위로 편지를 보내지 않은 것이 다행이다 싶을 정도였습니다.

얼마 뒤 저는 그를 만나러 영국으로 갔습니다. 앤드류는 하이드 파크 북쪽에 살고 있어서 햄프스테드에서 만나기로 했습니다.

그의 불안을 직접 대면하며 이야기 나누기에 햄프스테드는 완벽한 장소였습니다. 햄프스테드는 불안의 진정한 고향이라고 할 수 있었습니다. 프로이트[07]는 1938년 6월에 빈을 떠나 이곳 햄프스테드의 메어스필드 가든에 정착했습니다. 지금은 박물관으로 활용되는 그의 집에는 정신분석에서 상징적으로 활용되는 카우치와 그의 생전 물품들, 특이한 수집품들이 전시되어 있습니다. 햄프스테드는 안나 프로이트 센터의 본거지이기도 합니다. 프로이트의 딸이 영국의 고아들을 돌보기 위한 목적으로 1940년에 햄프스테드 워 너서리 센터는 지금도 소아청소년 정신 상담 클리닉으로 세계적 명성을 얻고 있습니다.

햄프스테드의 하이 스트리트 골목길에 있는 오래된 펍에서 앤

07. 지그문트 프로이트
오스트리아의 신경과 의사, 정신분석의 창시자. 히스테리 환자를 관찰하고 최면술을 행하며, 인간의 마음에는 무의식이 존재한다고 주장했다.

드류와 만났습니다. 가게 앞으로 의자와 테이블이 놓여 있고 날씨도 환상적이어서 우리는 야외 테이블에 앉았습니다. 앤드류는 의심스럽다는 듯한 표정을 지었습니다. 저널리스트 특유의 계산된 행동인지, 아내의 강요에 떠밀리듯이 저를 만나서인지 아니면 원래 걱정이 많고 불안을 쉽게 느끼는 성향인지 궁금해졌습니다. 저는 세 번째 이유 때문이라고 추측했습니다.

우리는 기분이 좋아지는 이야기들을 주고받았고, 그러면서 점점 핵심 문제에 접근해갔습니다. 저는 그가 안절부절하고, 초조해하고, 사소한 일에도 불안해하는 모습을 직접 확인하고 싶었습니다.

"오늘은 어떤 책을 쓸 예정이세요?"

저는 에두르지 않고 물었습니다. 그가 바로 대답했습니다.

"영토 분쟁 중인 섬들에 대해 쓸 참입니다. 세상에는 영토 분쟁 중인 섬이 230개나 됩니다. 홍콩과 싱가포르 사이에 있는 스프래틀리 군도, 러시아와 일본 사이에 있는 쿠릴 열도……."

"그 이야기로 당신이 정확히 말하고자 하는 주제가 뭔가요? 대중들이 영토 분쟁 중인 섬들에 흥미를 느낄까요?"

"맞아요. 대중의 흥미를 끌기는 어렵겠죠. 그렇다면 양봉 숭배 의식에 관한 책이 더 낫겠네요. 벌에 관한 새로운 연구 자료도 많이 발표되었고. 벌을 키우는 데 좀 특이한 형태가 있잖아요. 영적인 의미로 벌을 키우면서 몸 전체를 벌로 덮는 것을 좋아하는 사람들처럼 말이죠."

저는 미심쩍은 듯이 눈동자를 돌리자 앤드류가 말했습니다.

"마음에 들지 않는가 보군요. 알아요, 호소력 없는 주제라는 걸요.

그러면 이건 어때요? 별난 곳에서의 별난 직업. 타이에서 성전환 수술을 받은 뒤에 사람들을 치유하는 의식을 행하는 어떤 사람과 인터뷰를 한 적이 있었어요. 그 사람은 자신에게 치유 의식을 받으러 찾아온 남자들의 옷을 벗기고 그것을 불에 태우고, 아름답게 자수가 놓인 드레스를 줍니다……."

"그만!"

저는 소리를 지르고 말았습니다. 옆 테이블에서 맥주를 마시던 사람들이 옆 눈으로 힐끗 쳐다보았습니다.

"누군가는 분명히 분쟁 중인 섬에 대한 글을 쓰고 싶어 할 겁니다. 또 다른 누군가는 벌에 관한 책을 진심으로 쓰고 싶어 합니다. 하지만 당신은 그렇지 않은 것 같아요. 섬, 벌, 불타는 옷, 모두 집어치워요."

앤드류는 제 눈길을 피했습니다. 저는 대답을 기다렸습니다.

"실제로는 게이가 아닌데 동성애자인 것처럼 느끼는 남자의 이야기를 쓰고 싶어요. 영국 북부의 중산층 도시가 배경이죠. 사실 제 이야기일 수도 있어요. 이 주제에 관해 조사할 계획이고, 다른 사람들의 스토리도 수집할 거예요. 남자들에 대해서만 쓸지, 아니면 여자들에 대해서도 쓸지 고민이기는 하지만…… 남자만 다루려고 해요. 《빌리 엘리어트》와 같은 논픽션을 쓰고 싶어요."

앤드류는 혼란스러워했습니다.

"모르겠어요."

그는 다시 이야기를 멈추고 제 눈을 피했습니다.

"이 아이디어 역시 여러 가지 문제가 있는 것 같아요."

앤드류는 힘이 빠진 듯했습니다.

"지금 말한 아이디어로 책을 쓰세요."

제가 말했습니다.

"예? 뭐라고요?"

앤드류가 놀라며 말했습니다.

"지금 말한 내용을 책으로 쓰라고요."

앤드류는 저를 물끄러미 쳐다보며 말했습니다.

"저는 당신이 직접적으로 이렇게 말할 줄은 몰랐어요. 상담하는 사람이 자신의 의견을 전혀 드러내지 않는 프로이트 식의 상담을 기대했거든요. 선생님은 제가 이 책을 써야 한다고 생각하는 건가요?"

"그래요. 앤드류, 당신은 책을 쓰기 위해 너무 오랫동안 기다렸어요. 이제 뭔가를 쓰기 시작하면 돼요. 좋은 책이 될 수도 있고 그렇지 않을 수도 있어요. 아예 대중의 관심을 끌지 못할 수도 있겠죠. 당신은 자신을 시험하는 데 너무 많은 시간을 허비했어요. 자기 자신을 시험해보려는 생각 때문에 불안해하면서 한 가지 아이디어에 1분도 전념하지 못했죠. 당신이 제게 들려준 여러 아이디어 중에 방금 말한 것이 가장 좋아요. 내용도 가장 풍부하고 진실하게 느껴져요. 당신이 제 말에 동의한다면, 이게 바로 당신이 쓸 책이죠. 동의하세요?"

"음…… 그렇다고 해두죠."

"그럼 결정된 건가요?"

"만약에 조금 전에 들려드린 내용을 조금 다른 관점에서 풀어나갈 수도 있겠죠. 그렇게 할 수도 있을 것 같은데……."

앤드류가 말했습니다.

저는 분명하게 이야기했습니다.
"안 됩니다."
"책을 쓰기 위해 조사가 필요할 것 같아요."
다시 앤드류가 토를 달기 시작했습니다.
"당신은 지금 책을 쓰기 시작해야 해요. 책을 통해 무엇을 전달하고 싶은지, 글을 써서 확인해야 해요. 단 한 가지 주제에 집중해서 한 시간 동안 계속 앉아 있어야 해요. 당신이 느끼는 불안도 처리할 수 있어야 해요. 입자 가속기 속의 원자들처럼 불안이 당신의 머릿속을 빠르게 돌아다니도록 그냥 놔두면 안 돼요. 게이가 아니지만 그런 생각 속에서 고민하는 남자에 대한 글을 써야 하고, 그 과정에서 당신의 아이디어가 더욱 더 자라나도록 만들어야 해요. 지금 바로 글을 써야 해요."
"만약에……."
"그런 이야기는 더 듣고 싶지 않아요."
저는 손가락으로 귀를 막았습니다. 그리고 휘파람을 불기 시작했습니다. 앤드류는 저를 바라보았습니다. 옆 테이블에 앉아 있는 네 명의 남자 손님들도 저를 쳐다보았습니다. 앤드류는 저를 가리키며 옆 테이블에 앉아 있던 남자들에게 말했습니다.
"미국 사람이에요."
그들은 이해가 된다는 듯이 고개를 끄덕였습니다.
"알았어요. 하지만 조사가 더 필요할 것 같아요. 인터넷에서 정보도 더 수집해야 한다고 생각해요."
저는 마음을 가라앉히며 말했습니다.
"일주일을 드리죠. 그리고 나서는 반드시 책을 쓰기 시작해야 합니다."

"알았어요."

"그럼 이제 당신이 느끼는 불안은 어떻게 해결할 건가요?"

"제가 느끼는 불안이요?"

"네, 당신의 불안 말입니다. 어떤 작가 지망생들은 아무 생각도 하지 않으려고 애쓰면서 불안을 다루죠. 책을 쓰면서 또 다른 책에 대한 생각이 떠올라도 그것을 모두 날려버릴 수 있다면 책을 끝까지 완성할 수 있겠죠. 다른 예비 작가들은 아이디어와 아이디어 사이를 종횡무진 뛰어다니며 불안한 마음을 달래려고 하지요. 마치 당신이 그랬던 것처럼요. 아이디어가 떠오르자마자 바로 책에 관한 모든 아이디어를 다 털어놓으니까 실패작을 쓸 기회조차 없겠죠. 이런 방법은 효율적이지 못해요. 이렇게 해서는 책을 완성시킬 수 없고 실망, 절망, 그리고 우울증만 생길 뿐이에요. 당신은 쓸모없어 보이는 책을 비효율적으로 집필하면서 생겨난 불안을 없애려고 지금껏 애써왔어요. 하지만 지금부터는 좀더 효율적인 방법으로 불안을 해소할 수 있어야 해요."

"어떤 방법을 말하는 거죠?"

앤드류가 물었습니다.

"당신은 이미 답을 알고 있어요. 생각해보세요."

앤드류가 대답했습니다.

"용기를 내는 것? 존 웨인[08]처럼요. 존 웨인이 군대 가는 것을 무서워했다는 사실은 제쳐두고라도 그가 게이였을지도 모른다는 거, 알고 있었나요?"

"또 시작이군요. 불안에 대해 이야기하는 것 자체가 당신을 불안하게 하니까 당신은 대화를 다른 쪽으로 돌려버리는군요. 이게

08. 존 웨인
미국의 영화배우. 수많은 서부극 · 전쟁영화에 출연했다. 1970년 〈진정한 용기〉로 아카데미 남우주연상을 수상했다.

당신이 불안에 대처하는 방식이죠. 주제를 자꾸 다른 쪽으로 돌려버리고 바꾸어버리는 것. 지금까지 당신이 불안을 달래기 위해 활용해온 잘못된 방법이죠. 주제 바꾸기!"

"하지만 저는 불안을 해소하는 방법을 몰라요. 약이라도 먹어야 하나요?"

"그렇게 해야 할 수도 있죠."

"아니면 다른 방법이 뭐가 있나요?"

"리스트를 한번 살펴보죠."

그리고는 불안을 해결하는 데 효과적이라고 증명된 방법들을 이야기해주었습니다. 호흡 훈련, 명상, 인지행동치료 등. 그리고 나서 제가 '침묵의 외침'을 보여주었을 때 우리 테이블이 조용해진 것을 이상하게 여긴 옆 테이블의 남자들이 다시 저와 앤드류를 쳐다보았습니다. 저는 앤드류에게 정화 호흡(cleansing breath)[09]을 시도해보라고 권유했습니다. 불안을 효과적으로 다루는 방법을 연습하고 마스터하거나, 아니면 불안을 줄일 수 있는 자기만의 방법을 개발하는 길밖에 없다는 점을 분명히 알려주었습니다. 그리고 상담을 끝냈습니다. 그가 정말로 제 생각에 진심으로 동의했는지 미심쩍었지만 겉으로는 동의하는 듯이 보였습니다. 상담을 끝낼 때 제가 마지막으로 물었습니다.

"어떤 책을 쓸 건가요?"

"《호모가 아니에요》"

"그게 잠정적인 책 제목인가요?"

"지금 막 머릿속에 떠올랐어요."

"훌륭하네요. 이 책을 쓰겠다고 확실히 마음먹은 거죠?"

09. 정화 호흡
요가에서 호흡 수행법의 하나. 척추를 곧게 편 자세에서 호흡을 천천히, 가늘고 길게 하며 몸과 마음을 동시에 정화한다.

"네, 그렇게 할 생각이에요."

"짧게 답했지만 당신의 강한 의지가 느껴지네요."

"그런가요? 우선은 조사를 좀더 해야만 해요."

"물론이지요."

소지품을 챙겨 일어나며 악수를 했습니다. 앤드류의 표정을 보니 겉으로는 불안이 사라진 듯 했습니다. 앤드류가 진정으로 말하고 싶었던 것이 무엇이었을까요? 무엇이 그의 진심이었을까요? 저는 그가 솔직하게 다 이야기했다고 생각하지 않습니다. 너무나도 불행한 일이지만, 글을 쓴다는 것 자체가 그를 너무 불안하게 했습니다. 그리고 그의 삶이 그를 불안하게 했습니다. 불안을 억누르기 위해 그가 할 수 있었던 것은 오로지 책의 주제를 계속 바꾸는 것뿐이었죠. 창작을 위해 그가 해야 할 일은 불안을 무시하기보다 불안을 편안하게 받아들이는 것입니다. 불안을 감싸 안을 수 있을 때 비로소 불안을 다스릴 줄 알게 됩니다.

당신이 삶에서 범하는 가장 큰 실수는
실패할지도 모른다는 불안에 사로잡혀 있는 것이다.

– 알버트 후버

Self-Coaching 6

1. 불안은 무작정 피한다고 해결되거나 없어지는 감정이 아닙니다. 불안 때문에 하고 싶은 일, 해야 할 일을 미루거나 만족할 만한 성과를 내지 못한 적이 있나요? 당신의 불안은 오직 당신이 인정하고 다룰 수 있습니다. 내 안의 불안을 잘 다루고 싶다면 불안 일기(anxiety journal)를 쓰는 것부터 시작해보세요.

불안 일기 작성법

1. 불안 일기장을 항상 가지고 다니면서 하루에 있었던 일에 대한 자신의 반응을 관찰해보세요.
2. 부담스런 사람을 만날 때나, 마감일을 앞둔 과제 때문에 고민하는 상황 등 매일 부딪히는 불안한 상황에서 자신의 감정 반응을 관찰해보세요(예를 들어, 정신적 혼란, 부정적 생각 등 심리적 반응과 근육 긴장, 손 떨림, 땀 흘림과 같은 육체적 불안 반응 등).
3. 다양한 상황에서 불안에 대처하는 나만의 방법을 생각해보세요.

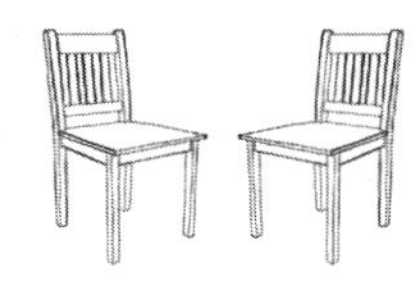

나의 불안 일기장

요일	불안한 상황	심리적 육체적 반응	노력할 점
월	보고서 마감이 얼마 남지 않았다.	마감을 못 지킬까봐 손에 땀이 맺힌다. 어깨에 힘이 들어간다.	따뜻한 차를 마시며 잠깐 쉬는 시간을 갖는다. 심호흡을 한다.

Planning & Doing

Week 7
계획하고 실천할 것

당신은 다음과 같이 결심했습니다.

'한 번도 시도하지 않은 프로젝트에 도전해보겠다.' '도시 근교에서 여유롭게 살고 있는 상류층 사람들의 심리를 묘사한 소설을 쓰겠다.' '인간의 탐욕을 그린 영화를 만들겠다.' '이론 물리학에 관한 논문을 쓰겠다.'

행동으로 옮겨야 한다고 생각하는 순간,[01] 계획을 세우는 것은 현명한 방법입니다. 하지만 결심을 하고도 지키지 못하고, 많은 목표를 세우지만 실현하지 못하고 많은 계획을 짜보지만 끝내 매듭짓지 못하면 나중에는 계획을 세우는 것조차 억지로 하게 됩니다. 그러다 더 실망하지 않으려고 아예 계획조차 세우지 않게 됩니다. 살을 빼겠다든지, 운동을 하겠다든지, 어학 공부를 새로 해보겠다든지, 악기를 배우겠다든지, 소도시를 벗어나보겠다든지, 아니면 회계학 대신 예술 공부를 시작해보겠다는 등의 계획을 잔뜩 세웠지만 결심한 대로 성공하지 못한 과거의 기억들이 당신을 짓누릅니다. 떠올리기 싫은 실패의 기억이 너무 고통스러워서 소설을 쓰겠다거나 영화를 찍겠다는 계획조차 세우지 못하게 됩니다. 무엇인가를 계획하려고 하면 수치스럽고, 후회되고, 실망했던 기억만 떠오르기 때문입니다.

이런 경험들은 계획을 세우는 것이 왜 중요한지 알려줍니다. 부

01
실행해야 할 때이고, 그렇게 하는 것은 자신의 책임이고, 그렇게 하는 것 외에 다른 선택이 없을 때.

끄러움, 후회, 실망이라는 감정은 실천하려는 의지를 꺾어버리는 훼방꾼입니다. 이런 부정적 감정을 극복해야 하고, 때로는 무시하고 그냥 지나쳐야 하며, 긍정적 태도로 삶을 사랑할 수 있도록 자기 자신을 설득해야 합니다. 우리는 이렇게 말해야 합니다.

"물론 두렵습니다. 이전에 벌써 했어야 했는데 실천하지 못해서 창피합니다. 너무 많이 실패해서 슬픕니다. 그렇게 많은 실수를 저지른 나 자신이 부끄럽습니다. 내가 더 잘할 수 있도록 도와주지 않는 세상에 분노가 치밀어요. 맞아요. 소설을 쓰겠다고 100번이나 시도했지만 그때마다 99번이나 뻔뻔하게 내팽개쳐버린 내가 어리석었어요. 하지만 이 모든 실패의 기억을 떨쳐버리려고 합니다. 그리고 창의적인 삶을 위한 나만의 계획을 세울 겁니다."

계획하고 실천하려는 의지

계획을 행동으로 옮기려는 의지가 있는지 자기 자신과 진솔한 대화를 나누세요. 실천하지 않았던 계획들, 지켜지지 않은 결심들, 미루어 놓았던 꿈들, 이제까지 성취해본 적 없는 많은 목표를 용감하게 인정하는 것부터 시작합니다. 담대한 용기가 필요하고 눈물이 날지도 모릅니다. 하지만 자신과 대화하는 동안 마음은 한결 자유로워지며, 과거의 실수에 더는 얽매이지 않게 됩니다. 계획을 실행하려는 진정한 의지가 생길 때까지 계속해서 자기 자신과 대화를 해야 합니다. 마음속 깊은 곳에서 굳은 의지가 느껴질 때, 다음의 단계로 넘어갑니다.

다음의 5가지 황금법칙[02]에 따라 계획을 세우면 도움이 됩니다.

02. 계획의 황금법칙 5
1. 계획은 단순하게
2. 장기계획은 구체적으로
3. 현실적인 상황을 고려해서
4. 자신의 성향에 맞게
5. 주기적으로 계획을 떠올린다.

황금법칙 1 : 단순하게 계획을 세운다.

계획을 세우고 꾸준히 실천에 옮기는 것만으로도 충분히 어려운 일입니다. 여기에 세세한 내용을 추가하고, 규칙에 신경 쓰고, 따라오는 아이디어를 추가하기 시작하면 처음 세운 계획이 복잡해지면서 완성하기 어려워지게 마련입니다. 책을 쓰기로 마음먹었다면 "하루도 빠지지 않고 매일 글을 쓰겠다" 같은 단순한 계획이 좋습니다. 처음 세운 목표에 이런저런 계획을 추가로 덧붙이기 시작하면 더 많은 것을 해야 하고 부담도 늘어납니다. "매일 글을 쓰겠다" 또는 "매일 그림을 그린다" "매일 기획한다"처럼 단순한 계획이 완벽한 계획에 가장 가까이 있다고 할 수 있습니다.

황금법칙 2 : 장기계획은 구체적인 목표를 포함한다.

현재 진행 중인 프로젝트에 대한 계획으로는 "매일 글을 쓰겠다" 처럼 단순한 것이 좋습니다. 하지만 장기 계획은 인생의 소명에 따라 수행 계획에 대한 비전과 실행 과정에 대한 전체적인 윤곽을 고려해서 세워야 합니다. 장기 계획에는 목표를 향해 올바른 경로로 가고 있다는 것을 확인할 수 있도록 도와주는 구체적 지표가 포함되어 있어야 합니다. 예를 들어 "앞으로 18개월 동안 단편소설 세 편을 출판할 것이다" 또는 "올해 말까지 프로젝트 기획안 10개를 완성할 것이다"처럼 목표 달성에 이르는 시간과 구체적인 목표량이 포함되어 있어야 합니다.

황금법칙 3 : 현실적인 상황을 고려한다.

짤막한 소설 한두 편만 써서 생계를 유지할 수 있을까요? 아마 힘들 겁니다. 계획을 세우는 것은 현재 작업에 전념하도록 만드는 동력이 되고, 창작에 대한 열정을 다시 불태울 수 있게 해줍니다. 하지만 허황된 희망을 담은 계획은 그렇지 못합니다. 충분히 숙고하고, 계획에 대해 자신과 대화를 나누어야 합니다. 계획에 대해 자기 대화를 하다보면 현실성 없는 계획이 어떤 것인지 깨닫게 됩니다. 내면에서 이뤄지는 자기 대화에는 다음과 같은 말이 오갈 겁니다.

"몇 편의 단편소설이 대중적으로 성공을 거두었다는 것을 알고 있다. 나에게 희망을 주었으므로 단편소설의 성공에 경의를 표한다. 하지만 단편소설을 쓰는 것으로 생계를 유지할 수 있다고 결론 내려서는 안 된다. 더 나은 계획은 더 '훌륭한' 단편소설을 쓰는 것, 내가 쓴 소설이 출판되도록 최선을 다하는 것, 명성을 얻는 것, 꿈을 통해 내 삶을 창조해내는 것이다. 이런 계획을 달성하는 데는 오랜 기간이 걸릴 수 있다. 경제적으로 어려움이 따를 수도 있다. 그러므로 나의 창작 계획에는 단편소설을 써서 생기는 수입에만 의지하지 않고 낮 동안에 돈을 벌기 위한 다른 계획이 포함되어야 한다."

황금법칙 4 : 자신의 성향과 어울리는 계획을 세운다.

뇌세포들이 하루 일과에 지쳐버리기 전, 아침 시간에 창의적 작업을 일정 분량만큼 끝내놓겠다는 계획은 그 자체로 아주 좋습니다. 저는 제가 상담하는 예술가, 예비 작가들에게 이 아이디어를 말해줍니다. 하지만 당신이 체질적으로 올빼미형 인간이라면 새벽에 창작활동을 하는 것이 과연 생산적일까요? 올빼미형 인간이라면 새벽보다 저녁이나 밤에 작업에 몰두할 수 있도록 계획을 세워야 합니다. 당신 스스로가 자기 자신을 위한 코치입니다. 자기 성향을 잘 파악해서 현명하게 이끌어가야 할 의무가 당신에게 있습니다. 자신에게 정직해야 하며, 자기 성향과 어울리는 계획을 세워서 최고의 성과를 이룰 수 있도록 해야 합니다.

황금법칙 5 : 주기적으로 계획을 머릿속에 떠올린다.

당신이 세운 계획을 주기적으로 떠올리고 진행 상황을 점검해야 합니다. 적어도 처음에는 일주일에 한 번씩 확인해야 합니다. 일주일에 한 번 정도 다음 두 가지 질문으로 진행 상황을 점검해봅니다. '하루 계획을 잘 지키는가?' '장기 계획에 잘 따라가고 있는가?' 그렇지 않다면 작업에 다시 전념할 수 있도록 추가적인 노력을 기울여야 합니다. 계획을 어쩔 수 없이 수정해야 한다면 처음 세운 계획을 조정하도록 합니다. 하지만 처음 계획에는 아무런 문제가 없는데 계획에 맞춰 실천하지 못하는 것이라면 창작에 전념하도록 자기 자신을 채찍질해야 합니다.

창의력 코칭 과정에 있는 루시는 계획 수립 훈련에 대해 다음과 같이 설명했습니다.

예전에는 단지 계획을 세운다는 생각만으로도 불안했어요. 어쩔 수 없이 해야 하는 일에 대한 두려움, 실패하거나 계획을 효과적으로 실천하지 못할 것이라는 불안감, 계획을 잘못 세운 것은 아닌가 하는 걱정 때문이었죠. 일단 계획을 세우면 내면의 비평가가 목소리를 높입니다. 그 비평가는 내가 계획을 충실하게 따르는지 판단하려고 하죠. 비평가가 나타나면 나는 우울해지고, '제대로 하는 것이 없다'는 생각에 죄책감마저 듭니다. 이럴 때는 마음속 비평가가 나와 같은 편이 되도록 끌어들입니다. 내면의 비평가와 대화를 나누면서 현재의 목표를 수정하고, 가혹하지 않고 부드럽게 계획의 실천 상태를 평가해보고, 목표에 도달하기 위한 다른 대안들이 자유롭게 떠오르도록 합니다.

계획을 세울 때 가장 큰 두려움은 계획에 따라 실천했지만 궁극적인 목표에는 도달하지 못하면 어쩌나 하는 것입니다. 계획을 실천하면서 내가 취한 행동이 목표에 도달하는 데 도움이 되지 않을지도 모른다는 두려움이죠. 나는 이런 경험이 있습니다. 올바르게 선택했는지 확신이 없어서 불안했고, 불안 때문에 아무것도 하지 않은 채 1년을 그냥 흘려보냈습니다. 그때 나를 움직이게 했던 생각은 '내가 아무런 행동도 하지 않고 멈춰 있는 것은 내 안의 창의적 자아를 죽이는 것이다. 창작을 위해서는 실패와 실수를 모두 받아들여야 한다'는 것이었습니다. 이런 생각을 머리에 각인함으로써 계획을 행동으로 옮겨 나갈 수 있었습니다. 내가 상담한 내담자가 계획을 세울 때 편안한 마음을 가질 수 있도록 도와줄 수도 있었습니다. 실패를 두려워하지 말라고 말해주며 그들을 안심시켰습니다.

지금은 계획을 세우는 일이 익숙해졌습니다. 계획을 세운다는 것의 긍정적 측면을 깨닫게 되었습니다. 계획은 나 자신과 프로젝트를 더욱 굳건하게 연결해줍니다. 계획은 나와 프로젝트를 끊어질 수 없는 동맹관계로 인식하게 하므로 막연하게 프로젝트에 접근하는 것이 아니라 견고한 태도로 작업에 매진할 수 있도록 해줍니다. 쌀을 담은 단지처럼 계획은 창의적 아이디어가 실현될 수 있는 공간입니다. 딱딱하게 굳어버리지 않는 점토로 만들어진 단지처럼 필요할 때마다 크기와 모양을 변형시킬 수 있는 계획을 세우고, 그 계획에 항상 주의를 기울이며 실행해 나가야 합니다.

하루 계획과 장기적인 계획

"매일 글을 쓰겠다"처럼 간단하고 명료한 계획을 세웁니다. 새벽에 일어나 당신이 시작해야 할 일은 컴퓨터 앞으로 가서 컴퓨터의 전원을 켜고, 현재 작업 중인 원고 파일을 열어 키보드를 두드리는 것입니다. 이렇게 간단한 일과에 대해서는 당신도 잘 압니다. 그렇지만 하루도 빠지지 않고 이렇게 실천하지는 못할 겁니다. 하루 계획을 따르려는 자신을 가로막고 방해하는 것은 당신 안의 두려움입니다. 어쩌면 불안일 수도 있죠. 당신이 해야 하는 일이 아주 많아서 해야 할 일에 압도당한 듯한 느낌을 받을 수도 있습니다. 어쩌면 자신의 처지가 몹시 걱정돼서 집중하지 못할 수도 있습니다. 출판사에 보낸 원고가 거절당할 때마다 받은 마음의 상처가 커서일지도 모릅니다. 분명 무언가가 당신을 가로막고 있습니다. 이것은 현실에 존재할 수도 있고, 벽돌로 된 담벼

락처럼 단단할 수도 있습니다. 훌륭한 계획을 세웠지만 지금 있는 곳에서 컴퓨터 앞까지 다가가지 못합니다. 이럴 때 할 수 있는 것은 무엇일까요?

창의적 활동에 전념할 수 없을 때, 뭔가가 가로막고 있는 느낌이 들 때 무엇을 해야 할까요? 예를 들면 유도 시각화 기법(guided visualization)[03]을 활용하거나 자기 자신에게 인생의 소명을 말해주고 의미를 만들어가도록 열정을 불어넣을 수도 있습니다. 이런 말을 하면 "불안을 없애기 위해 내가 반드시 해야 하는 단 하나의 방법을 알려주세요"라고 되묻는 사람이 꼭 있습니다. 하지만 애석하게도 어떤 상황에서나 효과적인 단 하나의 방법은 존재하지 않습니다. 슬럼프에 빠진 사람들은 마법 같은 해결책을 꿈꿉니다. 하지만 세상에 그런 방법은 존재하지 않습니다. 소박하고 현실적이며 정직한 방법이 있을 뿐입니다.

사막을 걷는 당신은 목이 마릅니다. 그리고 눈앞에 오아시스가 보입니다. 한 발자국씩 다리를 움직여 오아시스에 도달하는 것이 가장 자연스럽겠지만 지치고 힘이 빠져버린 당신은 꼼짝도 할 수 없습니다. 이런 상황에서 '날아다니는 요술 양탄자'가 나타나기를 기다리기만 하면 당신은 금방 목이 말라 죽어버리고 말 겁니다. 이때는 자기 자신에게 "한 발씩, 한 발씩 앞으로 가자"고 말해야 합니다. 한 발만 앞으로 내디딜 수 있으면 다음에는 거침없이 뛰어가는 자신을 발견하게 될 것입니다.

03. 유도 시각화 기법
상상력을 활용하여 일정한 이미지를 마음속에 떠올리면서 스트레스를 줄이는 방법. 목표를 하나씩 이루어가는 상황을 이미지로 상상해 볼 수도 있다.

목표가 계획을 창조한다

매년 열리는 전미 극장기술협회(USITT, United Satateds Institute of Theater Technology)[04] 컨퍼런스에 참석하고, 워크숍에서 발표하기 위해 포트워스에 왔습니다. 저는 무대 뒤에서 활동하는 사람들의 경험담을 들으며 이런저런 이야기를 나눌 수 있어서 즐거웠습니다. 그들의 고민과 경험이 다른 예술가들의 그것과 다르지 않다는 것도 알게 되었습니다. 한 작품이 끝나고 다음 작품을 시작하기 전까지 실업자가 되어야만 하는 상황이 반복되었고, 공연 관계자들의 자만심과 재정 부족, 살인적인 스케줄 때문에 미칠 지경이라고 했습니다. 실험적인 작품보다 리바이벌 작품을 선호하는 대중의 기호에 맞춰야 했고, 지방 극장들은 하나같이 재정의 어려움에 직면해 있다고 했습니다.

04
무대의상 디자이너, 조명감독, 무대감독 등 미국의 무대기술 분야의 전문가들 단체.

이야기를 마친 후 커피 바 근처에 있는 소파를 발견하고는 그곳에 앉아 잠시 글을 쓰려고 준비하고 있었습니다.

"에릭?"

글을 쓰다 말고 위를 올려 봤습니다. 저와 비슷한 나이로 보이는 어떤 여성이 제 앞에 서 있었습니다. 그녀가 악수를 청했습니다. 순간 저는 놀랐습니다.

"헬가예요. 20년 전쯤 될 것 같은데, 이전에 아이슬란드에서 우리 만난 적이 있잖아요. 강연 프로그램에서 당신의 이름을 봤어요. 컨퍼런스에서 만날 기회가 있을 거라 생각했는데, 정말 이렇게 만나네요."

지난 기억을 떠올려봤습니다. 25년 전의 일이었습니다. 그때 저는 아이슬란드 서부에 있는 기숙학교에서 영어를 가르치던 친구를 만나기 위해 아이슬란드에 간 적이 있었습니다. 레이캬비크(아이슬란드 수도)에서 소형 비행기를 타고 에길스타디르로 갔습니다. 그곳은 인구 600명(이후에 1200명 정도로 인구가 늘었습니다)의 서부 아이슬란드에서 가장 큰 도시입니다. 작은 공항에 마중 나온 수다스러운 젊은이의 지프를 타고 끝없이 이어지는 빙하의 동쪽 끝에 있는 기숙학교를 향해 달 표면처럼 울퉁불퉁한 길을 달려갔습니다(실제로 우주비행사들은 아이슬란드에서 달 체험 시뮬레이션을 한다고 합니다).

늦은 밤이었지만 학교는 여전히 불을 밝히고 있었고 활기에 차 있었습니다. 아이슬란드의 문화와 에다[05]를 기념하기 위해 학생들은 해마다 에다 야외극을 공연하는데, 마침 제가 도착했을 때 공연이 시작되었습니다. 에다 중에서 코맥의 사가, 그레티어의 사가, 불타버린 냘의 사가 등에서 내용을 따온 야외극이 공연되었고 배우들은 열연을 펼쳤습니다. 그럼에도 저는 몰려오는 졸음을 물리치지는 못했습니다.

녹초가 된 저는 방으로 돌아오자마자 쓰러져 잠이 들었습니다. 대여섯 시간을 잤을까요, 갑자기 요란한 소리와 수백 개의 플래시 라이트 불빛 때문에 잠에서 깨고 말았습니다. 두꺼운 외투를 찾아 입으려고 급하게 방으로 들어온 제 친구가 밖에 무슨 일이 일어났는지 설명해주었습니다. 선생님 한 분이(그가 헬가라는 것을 나중에 알게 되었습니다) '깜깜한 빙하 속으로 걸어 들어가 죽어버리겠다'는 쪽지를 남기고 사라졌다고 했습니다. 학교 사람들은 그녀에게 무슨 일이 있었는지 알고 있었습니다. 헬가의 남편 존이 다른 선생과 불륜을 저질렀던 것입니다. 헬가는 수치심으로 괴

05. 에다
옛 아이슬란드 어로 쓰인 고대 북유럽의 신화와 영웅 전설을 모아 놓은 책.

로워하다 끝내 죽기로 결심했던 것이죠. 헬가를 찾기 위해 한바탕 소동이 벌어졌습니다. 잠시 잠을 설쳤지만 그럭저럭 다시 잠을 청할 수 있었습니다. 날이 밝은 다음날에는 무서울 정도로 적막했습니다. 헬가는 무사히 발견되었고 다행히 다친 곳은 없었습니다.

며칠 뒤 저는 유빙으로 하얗게 덮인 강가를 거닐던 중 한 여자와 마주쳤습니다. 그녀가 헬가임을 단번에 알 수 있었습니다. 헬가는 저를 미국인 관광객쯤으로 생각하는 것 같았습니다. 그녀가 감당해야 하는 문제들에 관해 직접적으로 언급하지 않은 채 우리는 나란히 강가를 거닐며 담소를 나눴습니다. 그 무렵 저는 소설을 쓰고 있었습니다. 저는 헬가에게 집필 중이던 소설에 관해 이야기했습니다. 그녀가 물었습니다.

"매일 글을 쓰세요?"

"그러려고 노력해요."

그녀가 말했습니다.

"저는 매일 술을 마셔요."

"그렇군요. 하루를 그렇게 보낼 수도 있겠군요."

"레이캬비크에 사는 제 동생은 자칭 소설가지만 절대 글을 쓰지 않아요."

저는 아무 말 없이 고개를 끄떡였습니다. 헬가가 얼굴을 찡그리며 말을 이었습니다.

"제 동생은 매일 술을 마시며 하루를 보내요."

"그렇군요."

그녀가 의아하다는 듯 물었습니다.

"그런데 어떻게 하면 당신처럼 매일 글을 쓸 수 있죠? 무엇을 위해 글을 쓰죠?"

"저는 아침에 눈을 뜨자마자 글이 쓰고 싶어져요."

헬가가 다시 물었습니다.

"당신이 얼마나 운이 좋은 사람인지 아세요?"

"글쎄요. 저는 잘 모르겠는데요."

우연이었을까요, 다음날 헬가를 또 만났습니다. 우리는 '목표'와 '계획'이라는 두 단어가 지니는 어감의 차별성에 관해 이야기를 나누었습니다. 당시 제 목표는 아름답고 숭고했지만, 계획이라는 파트너가 필요하다는 생각을 하던 차였습니다. 계획이라는 파트너는 평범하고 지루해 보이지만, 목표를 지지해주고 목표가 살아 숨 쉬도록 하는 역할을 담당한다고 생각했거든요. 저의 이런 생각을 꽤 재치있게 표현한 것으로 기억합니다.

"계획 없는 목표는 바퀴가 없는 롤스로이스나 다름없습니다."

그 후로 저는 그녀를 보지 못했습니다. 그녀는 존과 이혼했고, 학교를 그만두고 레이캬비크로 떠났다고 전해 들었습니다.

그녀는 지금 제 앞에서 굴곡 많았던 지난 25년 동안 겪은 일들을 이야기하고 있습니다. 그녀는 그 뒤로 2, 3년 동안 술과 절망 속에서 하루하루를 보냈다고 합니다. 그러다 우연히 무대조명 연출을 총괄하는 친구의 초대로 코펜하겐에 갔다가 그곳에서 연극의 무대조명 일을 돕게 되었습니다. 그 일을 하면서 자신이 무대조명에 특별한 사랑을 갖고 있음을 깨달았죠. 몇 년간 유럽에서 활동하다가 뉴욕으로 가 브로드웨이에서 무대조명 총감독으로 활약했습니다. 지금은 무대조명 분야에서 제법 이름이 알려졌습니다.

연극이나 뮤지컬에서 화려한 무대조명을 연출해야 한다면 바로 헬가에게 문의할 정도라고 하니까요.

"대단한 인생 여정이었네요."

"우리가 강가에서 목표와 계획에 대해 대화를 나누었던 것 기억하세요? 목표는 섹시해서 사람을 흥분하게 만들지만 계획은 누추하고 지루한 것이라고 결론 내렸지요. 하지만 '내 목표는 매일 글을 쓰는 것이다'보다 '나는 매일 글을 쓸 계획이다'에서 훨씬 더 강한 힘이 느껴지죠. 아침에 침대에 누워 오늘 해야 할 일이 다 되어 있기를 바라는 꿈속에 빠져 있는 것과 침대에서 바로 나와 그날 해야 하는 작업을 시작하는 것의 차이라고 할 수 있죠. 저는 한때 우울증에 빠져서 긴 시간을 침대에서 허비했고, 목표를 전혀 이룰 수 없는 상태였어요. 하지만 하루의 소박한 계획은 행동으로 옮길 수 있었어요."

헬가는 과거를 회상하며 말을 이어갔습니다.

"그때 강가에서 당신과 나눈 대화가 제 인생을 바꾸어놓았지요. 미칠 것 같던 시기에 나를 지탱하기 위해서는 단순하지만 어리석지 않은 계획이 필요했어요. 그래서 내게 말했죠. '매일 아침에 일어나자마자 그날의 계획을 세우고 실행에 옮기겠다.' 첫 번째 계획은 '레이캬비크로 가겠다'는 것이었어요. 이건 쉬웠어요. 점점 더 계획을 행동으로 옮기기 어려워지자 계획 세우는 것을 그만뒀어요. 나는 엉망진창이 되어버렸고 아무것도 할 수 없었죠. 하지만 계획이라는 단어가 지니는 숭고한 의미만큼은 가슴에 간직했어요. 실제로는 계획을 세울 수도 없었지만, 계획이라는 단어 자체의 중요함은 잊지 않았던 거죠. 나중에 코펜하겐에서 처음으로 무대조명 일을 했을 때 모든 것이 제자리를 찾은 듯 한 느낌이 들었어요."

헬가는 계속해서 이야기했습니다.

"매일 하루의 계획을 세우는 것이 나의 명상 주제가 되었습니다. 커피 잔을 들고 앉아 나의 하루를 상상하면서 마음의 평온을 찾았어요. '내면에서 비롯된 충동이 이끄는 일만이 영적인 의미를 갖는다.' 내가 좋아하는 그로피우스(Gropius)[06]의 명언이에요. 내가 학교에서 학생을 가르칠 때는 창작을 향한 내면의 충동이 없었어요. 창의적 활동을 하고 싶다는 마음은 있었지만, 인생의 의미를 만들어갈 정도로 강한 내적 충동이라고는 할 수 없었죠. 그때 나의 삶은 존을 중심으로 학생을 가르치고 본분을 지키며, 주어진 일을 완수하는 것이 전부였죠. 존이 다른 여자를 만나자 이 모든 것이 무너졌어요. 그전까지 한 번도 창의적 활동이나 예술에 흠뻑 빠져본 적이 없었기 때문이죠. 에릭, 당신이 매일 글을 쓴다고 말했던 것 기억하세요? 확실히 당신은 창작에 대한 충동을 내면에 강하게 품고 있었죠. 하지만 저는 아니었어요.

그러다 무대조명이라는 세계를 만났죠. 저는 이 분야와 사랑에 빠졌어요. 저는 항상 빛에 관심이 있었지만 사진작가나 화가가 되기를 원하지는 않았어요. 빛에 대한 나의 열정을 쏟을 곳을 찾지 못했던 거죠. 그러던 어느 날 무대와 무대 위 작품을 위한 조명이 내 삶 속으로 들어왔어요. 난 완전히 매료되었어요. 무대를 조명으로 화려하게 장식하겠다는 내적인 충동으로 매일 아침을 시작했어요. 무대조명에 대한 모든 것이 알고 싶었어요. 하루 계획이 삶의 목표와 딱 맞아 떨어지기 시작한 거죠. 나는 조명감독

06. 그로피우스
독일의 건축가, 사상가, 교육자, 바우하우스 이념의 창시자. 근대 건축의 보급과 이해, 건축 · 건축가 교육에 크게 이바지했다.

이 되고 싶다는 목표가 있었고, 이 목표를 이루기 위한 계획을 세우는 습관을 갖게 되었어요.

이제는 하루 계획을 세우지 않아요. 어쩌면 마음속에서 계획이 자동적으로 세워지는지도 모르죠. 단지 아침에 일어나기만 하면 내가 너무 잘 아는 하루의 일상을 저절로 따라가게 됩니다. 하지만 계획을 세우는 의식을 포기할 생각은 없어요. 이건 마치 내 초상화를 그리는 것과 마찬가지예요. 하루 계획에는 나를 위한 작은 선물도 포함되어 있어요. 예를 들어 맛있는 캔디 먹는 시간 같은 거죠. 상당량의 작업 분량과 한 시간 정도 깊이 몰두해야 하는 일도 계획에 포함되어 있어요. 하지만 모든 것이 괴로운 날도 있어요. 신랄한 말들이 오가는 회의 시간, 제대로 작동하지 않는 장비, 감독이 갑자기 계획을 바꿔 지시를 내리는 것 등. 나의 하루 계획은 이런 모든 것들을 고려해서 정하지만 무대 조명에 관한 책을 쓰는 시간이나 맛있는 캔디를 먹는 시간도 꼭 포함되어 있어요. 아무튼 전날 강가에서 나눈 대화는 저에게 정말 행운을 안겨주었습니다."

그녀가 기분 좋은 미소를 지었습니다.

"이제 바로 뉴욕으로 가야 해요. 입센(Henrik Ibsen)[07]의 작품을 브로드웨이에서 리바이벌할 예정인데, 내일 이 작품의 미팅이 잡혀 있어요. 입센의 작품에 조명을 어떻게 입혀야 할지 고민 중이에요. 내 아이디어를 감독이 받아들이도록 설득도 해야 하고요. 비행기에서 감독을 설득할 계획을 세울 거예요."

"아쉽네요. 당신은 세상에서 가장 큰 규모의 바비큐 파티에 참석할 수 없겠군요. 컨퍼런스의 마지막 날 저녁에 컨벤션센터에서

07. 입센
노르웨이의 극작가. 힘차고 응집된 사상과 작품으로 근대극을 확립했다. 근대 사상과 여성 해방 운동에 깊은 영향을 끼쳤다. 대표작 <인형의 집>으로 근대극의 1인자가 되었다.

파티가 열릴 예정이라고 하던데요."

"저는 채식주의자예요. 어쨌든 바비큐 파티에는 참석하지 않을 거예요. 그건 계획에 들어 있지 않거든요."

우리는 서로를 바라보며 웃었습니다. 그리고 자리에서 일어나 따뜻한 악수를 나눴습니다. 헬가는 서둘러 자리를 떠났습니다. 그녀의 하이힐이 컨벤션센터 바닥을 치며 다각거리는 소리를 냈습니다. 저는 그녀의 뒷모습을 쳐다보았습니다. 저는 머리를 가로저으며 자리에 앉아 글을 쓰려고 했지만 쓸 수가 없었습니다. 대신 꿈을 꾸기 시작했습니다. 바비큐 파티에 대한 꿈이 아니라 빙하에서 흘러나온 강물과 달밤의 아름다운 풍광을…….

어떤 느낌이나 불쑥 떠오른 생각에 따라 움직일 때는 실패할 가능성이 높다. 큰 목표일수록 치밀하게 계획하라.

- 디오도어 루빈

Self-Coaching 7

계획은 나 자신과 프로젝트(혹은 일이나 공부)를 더욱 끈끈하게 연결시켜줍니다. 또한 보다 견고한 태도로 작업에 매진할 수 있도록 도와줍니다.

1. 당신의 아이디어가 굳어버리기 전에 언제든 꺼내 쓸 수 있도록 계획을 세워보세요. 먼저 단기계획으로 놀랄 만큼 멋진 하루 계획을 세워보세요.

___________(을)를 위한 하루 계획

우선순위	실천사항

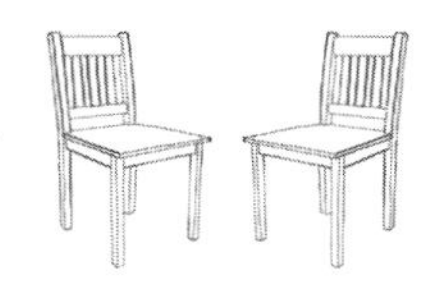

2. 이제 장기계획으로 일주일 계획을 세워보세요. 견고한 일주일 계획들이 모여서 한 달 계획이 완성됩니다. 세부 목표가 포함된 일주일 계획을 종이 한 장에 가득 채울 만큼 풍부하게 작성해보세요.

__________(을)를 위한 일주일 계획

요일	실천사항

Committing to goal-oriented process

Week 8
목표를 향한 과정에 집중할 것

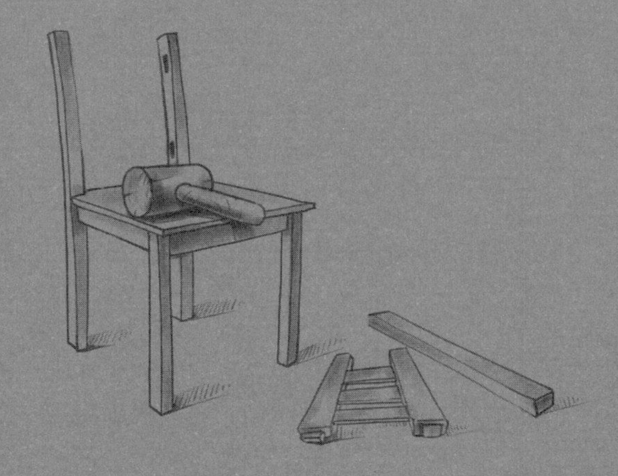

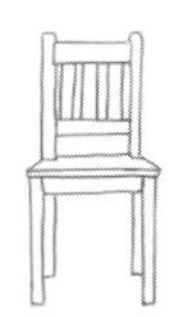

소설을 쓰기 시작했다고 상상해봅시다. 당신은 열정적으로 시작했지만 며칠 지나지 않아 돌을 던지고 맙니다.[01] 당신의 뮤즈가 불러주는 대로 받아 적기만 하면 소설이 완성되는 것 마냥 머리에서 글이 자연스럽게 흘러나오지 않는다고 쉽게 체념해버립니다. 의욕적으로 시작할 때는 소설이 어떻게 진행될지 머릿속에 꽉 들어차 있는 것처럼 느껴지지만 막상 쓰기 시작하면 그렇지 않다는 것을 금방 알아차리게 되죠. 이미 써놓은 글도 마음에 들지 않아 다시 써야 합니다. 어쩌면 성급한 욕심일 수도 있습니다. 지금 써놓은 글은 초안일 뿐이고, 진정한 예술적 아름다움은 수정하고 또 수정하는 과정에서 서서히 드러나는 것이니까요. 퇴고 과정을 거쳐야만 소설을 완성할 수 있습니다. 목표를 향해 가는 과정 자체가 중요하고 그 과정을 존중해야 합니다. 그런데 당신은 목표를 향해가는 '과정'이 싫어진 것이죠.

소설을 쓰든 기획서를 쓰든 과정이 싫어지는 것도 목표를 일궈가는 부분입니다. 이것은 분노할 일이 아닙니다. 피할 수 없습니다. 다른 뾰족한 방법이나 돌아가는 다른 길이 없음을 잘 알면서도 과정이 싫어지는 순간은 반드시 찾아오게 마련입니다. 싫증, 걱정, 최악의 상황에 대한 두려움, 지루함 등 이 모든 것이 목표를 향해 가는 과정입니다. 이것이 진실입니다.

01
소설가 버지니아 울프는 이런 상황을 "resignation sets in"이라고 표현했다.

"괴롭지만 나는 할 수 있다"고 말할 수 있다면 '과정'을 존중한다는 뜻입니다. 다른 사람은 좀더 쉽게 목표를 이뤄낸다고 상상한다면 이것은 '과정'에 대한 모독입니다. 당신이 침대에서 빠져나오지 못한 채 게으름을 피우는 동안 당신이 부러워하지만 싫어하는 다른 작가는 쉽게 걸작을 완성하고 어떤 상황에서도 여유로운 표정으로 아름다운 글을 쓰는 천재성이 있다는 판타지에 빠지기도 할 겁니다. 하지만 이런 판타지는 목표를 위해 반드시 거쳐야 하는 '과정'을 무시하는 것이고 현실을 회피하는 것입니다. 이런 판타지에 빠져서는 안 됩니다.

목표를 향해 가는 다른 길이나 방법을 기대할 수도 있습니다. 그런 방법을 찾을 때까지 기다릴 수도 있겠죠. 그러다 기적적으로 변화가 일어날 수도 있겠고요. 겨울에 장미가 피고, 껍질이 벗겨진 오렌지가 나무에서 저절로 떨어져 입으로 들어오고, 나이가 들수록 눈과 귀가 밝아지기를 기다리는 것처럼 말이죠. 하지만 그런 기적은 일어나지 않습니다.

우리는 목표를 향해 가는 과정에 대한 진실을 이해하고 받아들여야 합니다. 바로 창의적 활동을 하는 대부분의 시간 동안 자신의 작업에 만족하지 못한다는 것입니다. 이것은 자연의 순리처럼 누구도 피할 수 없습니다. 현실이 즐거운 백일몽과 같기를 바라지 마세요. 자신이 천재라는 환상에서 벗어야 합니다. 펜 끝에서 흘러나오는 모든 글이 달콤한 꿀 같기를 바랄 수는 없습니다. 당신이 쓴 어떤 글은 영감을 불러일으킬 수도 있겠지만 어떤 글은 지루하기 짝이 없을 것이라는 현실을 인정하고 받아들여야 합니다.[02]

02
뭔가를 완성하려면 의자에 앉아 펜을 잡고 글을 쓰거나 키보드를 부지런히 두드리는 과정이 필요합니다. 다른 어떤 것도 이 과정을 대신할 수 없습니다.

최선을 다한다는 것의 의미

A4 용지 크기만 한 땅에 꽃씨 1,000개를 뿌린다고 상상해봅시다. 그중에 꽃을 피우는 것은 단지 몇 개의 씨앗뿐입니다. 제한된 영양소와 땅을 차지하기 위해 서로 다투는 것이 자연 법칙이고, 그 과정에서 극소수만 살아남습니다. 배우들도 마찬가지입니다. 배우 100명 가운데 99명은 원하는 배역을 얻지 못할 겁니다. 배우가 1,000명만 있으면 되는 도시에 수십만 명이 한꺼번에 몰려든다면 그들은 다른 배우들과 구별되는 자기만의 특별함을 증명해 보여야 합니다. 다른 배우보다 연기를 더 잘해야 합니다. 물론 운도 따라야 합니다. 번뜩이는 끼가 뿜어져 나와야 하고 반짝이는 눈빛도 필요합니다.

이런 것들을 가지고 있지 않다면, 어쩔 수 없습니다. 자질이 좋다고 운에만 매달려서는 안 됩니다. 다른 배우들과는 다른 특출한 재능과 자질을 증명하기 위해 온힘을 쏟아 부어 최선을 다해야 합니다.[03] 뿌린 씨앗이 모두 꽃을 피운다는 보장이 없듯, 아무것도 보장되지 않지만 최선을 다해 노력하는 것은 자신이 처한 환경을 존중한다는 뜻입니다. 이것이 다시없을 좋은 기회를 얻게

03
최선을 다한다는 것이 하루에 몇 백 통의 전화를 거는 일이라도 원하는 배역을 얻는 데 필요하다면 반드시 해야 합니다.

해주고 성공할 가능성을 높여줍니다.

목표를 향해 가는 과정은 자신의 특별함을 증명해가는 과정입니다. 특별함을 증명하기 위해서는 다른 사람들을 따라해서는 안 됩니다. 같은 분야에 있는 사람들과 똑같이 활동한다면 목표를 향한 과정을 존중하는 것이 아닙니다. 과정을 존중하고 과정에 모든 노력을 쏟아 붓는 것은, 목표를 분명히 하고 목표를 통해 어떤 의미를 추구하려고 하는지 정확히 안다는 뜻입니다. 목표를 이루기 위한 과정에 자신의 모든 것을 던져 넣겠다는 뜻입니다.

목표를 향한 과정 머릿속에 그려보기

1단계 : 원하는 내 모습 떠올리기

당신이 전념하고자 하는 분야를 떠올려보세요(저는 소설 쓰기를 예로 들겠지만 각자 목표에 따라 자유롭게 바꾸면 됩니다). 미래를 들여다보는 눈으로 소설 쓰는 과정을 처음부터 끝까지 마음속에 그려보세요. 원고를 완성하고, 출판사와 계약을 맺고, 출간된 소설을 홍보하는 모습도 상상해보세요. 글을 쓰는 모습, 글 쓰는 과정. 그때 자연스럽게 나타나는 모든 행동을 마음의 눈으로 관찰하세요.

2단계 : 자신에게 질문하기

목표를 향한 과정을 숭고하게 생각하고 최선을 다한다면 마음속에 펼쳐지는 모습이 달라지지 않을까요? 이번에는 목표를 향한 과정을 더욱 존중한다고 상상해봅시다. 무엇이 달라질까요? 컴퓨터 앞에 더 오래 앉아 있고, 오후 3시부터가 아니라 아침 7시부터 책상에 앉아 글을 쓰고, 주변 사람에게 불평을 늘어놓기보다는 묵묵히 글을 쓰고, 술을 끊고 글쓰기에 전념하는 자기 모습이 마음속에 그려질 겁니다.

3단계 : 나의 두 가지 모습 비교하기

과정을 존중할 때의 자신과 그렇지 않을 때를 비교해보세요. 그런 뒤 다음 네 가지 질문에 답해보세요. 네 가지 질문을 할 때 괄호에 든 내용을 소설 쓰기가 아니라 작곡하기나 그림 그리기같이 당신의 목표로 바꾸면 됩니다.

- (소설을 완성하기 위한) 과정을 존중하고 최선을 다한다는 것은 어떤 의미일까?
- (소설을 완성하기 위한) 과정을 존중하지 않는다면 나는 어떤 행동을 할까?
- (소설을 완성하기 위한) 과정을 존중하고 최선을 다하기 위해 새롭게 하고 싶은 일은 무엇인가?

'목표 지향적 과정'과 '목표 없는 과정'의 완전히 다른 두 가지 길이 있습니다. 목표가 없거나 불분명할 때는 오히려 행동하기 쉽습니다. 사람들은 뚜렷한 목표 없이 쉽게 행동을 선택하곤 합니다. 그리고는 자신은 목표를 향해 가는 과정을 존중하고 최선을 다했다고 당당하게 말합니다. 그러나 이런 사람들은 창의적 활동을 통해 의미를 추구할 때 반드시 부여되는 책임을 다하지 않고,

이것을 회피하기 위해 이런 말을 쉽게 해버리곤 합니다.
"모든 것은 최고를 위해 존재한다."
"어떤 일이 생기는 것은 그만한 이유가 있기 때문이다."
"모든 것이 신의 뜻이다."
이런 말은 목표가 없거나 목표가 불분명한 과정을 묘사하는 것입니다. 가족을 먹여 살리기 위해 정원에 밭을 가꿔야 한다고 가정해봅시다. 그냥 내버려두면서 정원이 밭이 되어 자동으로 뭔가가 열리기를 바라기만 하지는 않을 겁니다. '정원을 밭으로 가꿔서 먹고 살려면 나는 무엇을 해야 할까?' 묻고 그것에 답할 겁니다. 정원에 잡초만 무성하게 자란다면 그냥 앉아 있을 수 없겠죠. 가족을 먹여 살려야 한다는 목표를 위해 잡초를 솎아낼 겁니다. 열심히 밭을 가꾸어야 합니다. 전문가에게 도움을 받을 수도 있겠지만 대부분은 직접 부딪치며 실패를 통해 채소 가꾸는 법을 스스로 터득해야 합니다.
오래 꿈꿔온 작품을 완성하고 싶습니까? 숨은 잠재력이 발휘되기를 바랍니까? 창의력을 키우고 발휘하는 방법을 배우고 싶습니까? 이런 것이 당신이 원하는 분명한 목표입니다. 이루고자 하는 목표가 분명하다면 목표를 향한 과정에 전념하고 최선을 다해야 한다는 사실을 받아들여야 합니다.

과정 속에 성공의 진실이 담겨 있다

파리에서 개최된 작가 워크숍에 강의를 제안 받아 일주일 동안 파리에 머물게 되었습니다. 워크숍의 후원 기관인 국제여성평생 교육연맹의 본부는 몽파르나스에 있습니다. 워크숍이 열리는 첫 번째 일요일 오후, 저는 마레에서 몽파르나스까지 지하철을 타고 갔습니다.

일요일 리셉션에서는 강사들과 학생들이 서로 얼굴을 익히며 교육 일정을 점검했습니다. 모두 네 개의 워크숍이 열릴 예정이었는데, 그중 세 개는 WICE 본부에서 열리고 나머지 하나는 길 건너 카페가 있는 건물 2층에서 진행된다고 했습니다. 저는 카페가 있는 건물의 강의실에서 교육하고 싶었습니다. 그런데 막상 그곳에 가 보니 긴 테이블에 의자 열세 개만 덩그러니 놓여 있는 작은 방이었습니다. 답답하고 비좁았지만 신경 쓰지 않았습니다. 저에게 좁은 강의실은 아무런 문제가 되지 않았습니다. 하지만 시 창작 강의를 진행하는 강사에게는 문제가 됐습니다.

시 창작 강의는 리셉션 장소로 쓰이는 대강당에서 진행하기로 했습니다. 유명 시인인 강사는 강의실 크기는 만족해했지만 위치는 마음에 들지 않아 했습니다. 저는 두 워크숍의 휴식 시간을 맞춰 보자고 제안했습니다. 하지만 그녀는 휴식 시간을 갖지 않을 거라고 했습니다. 휴식 시간이 없다는 그녀의 말이 대단하게 들리면서도 다소 의아했습니다. 목표를 향해 가는 과정을 존중한다는 것이 화장실도 가지 않고 세 시간을 연속해서 교육 받는다는 것을 의미하지는 않으니까요. 그렇다면 해결 방법은 하나뿐이었습니다. 그녀에게 제안했습니다.

"제 강의실을 쓰는 것이 어떻겠어요? 그러면 당신의 수업이 방해받지 않을 것 같은데요."

물론 그녀가 동의할 거라고 생각하지는 않았습니다.

제가 사용할 강의실을 휙 둘러본 뒤 그녀는 “이 방은 아니에요. 제게 배정된 강의실이 훨씬 나아요”라고 했습니다. 저는 미소 지었습니다. 그녀는 제 학생들이 그녀의 강의를 방해하지 않도록 주의시켜달라고 했습니다. 하지만 저는 알고 있었습니다, 그녀가 불평불만을 계속 늘어놓으리라는 것을요.

워크숍이 시작되는 월요일 아침, 저는 작은 강의실에서 학생들과 유쾌한 첫 만남을 가진 뒤 강의를 시작했습니다. 말로 하지는 않았지만 저와 학생들은 ‘나는 파리에 와 있다. 너무 멋져. 기분 좋게 강의도 듣고 공부하자’라고 마음으로 서로를 격려한다는 것을 느낄 수 있었습니다. 저의 첫 수업을 듣고 감명을 받은 한 여학생이 논픽션을 완성하지 못해 애를 먹고 있는 저널리스트 친구에게 전화를 걸었습니다.

“당장 파리로 날아와. 너도 코칭을 받으면 도움이 될 거야.”

이틀 뒤 니스에서 저널리스트로 활동하는 수잔이 파리에 도착했습니다. 수잔은 학업과 리포터 활동을 병행하며 라트비아 문화와 정치에 관한 자료를 다량 수집했다고 했습니다. 문제는 방대한 자료를 어떻게 활용해야 할지 모른다는 것이었습니다. 그뿐 아니라 여전히 자료가 충분하지 않다고 느꼈습니다. 수잔은 자료를 어떻게 모았는지, 그리고 그것이 왜 중요한지 말하고 싶어 했지만 저는 그녀의 말을 가로막고 물었습니다.

“그 자료들을 어떻게 정리할 계획이죠?”

이 질문이 가장 중요했으며 그녀에게 물을 수 있는 유일한 질문이기도 했습니다. 수잔이 니스에서 파리로 한달음에 날아온 이유도 바로 이 질문에 대한 답을 얻기 위해였고요. 또한 그녀가 끝까지 대답을 회피하고 싶어 한 질문이기도 했습니다.

계속 모으고 또 모으면서 불안감 때문에 정리를 하지 못하는 것은 인간의 본성입니다. 스스로 보물처럼 여기는 자료와 잡동사니들을 차고에 쌓아두면서 제대로 정리하지 못하는 것과 같죠. "집을 팔려면 차고를 좀 치우시죠"라고 부동산 중개인이 말하기 전까지는 정리해야 할 필요성을 특별히 느끼지 못하는 것이나 마찬가지입니다. 수잔은 감당하기 버거울 만큼 많은 보물을 모았지만 당연히 해야 할 일, 즉 그 보물들을 정리하는 일은 회피해왔던 것입니다. 저는 수잔에게 "차고를 정리해야 집을 팔 수 있어요"라고 말하는 부동산 중개인이 되어야 했습니다.

"그 자료들을 어떻게 정리할 작정이죠?"

"모르겠어요."

그녀에게서 진심이 느껴졌습니다. 그녀는 자신이 무엇을 해야 하는지 알았지만 바로 '그' 일에 불안을 느꼈습니다.

저는 수잔에게 말했습니다.

"그렇게 어려운 일이 아니에요. 마음을 가라앉히고 차근차근 얘기해봅시다. 당신은 지금까지 뭐든지 쌓아두기만 했어요. 그 자료들을 어떻게 정리하고 싶나요?"

그녀는 마음을 진정시키며 생각에 잠겼습니다. 방대한 프로젝트를 시작한 이후 처음으로 자료들이 하나하나 눈에 들어오기 시작했던 것이죠. 그녀는 생각했습니다. '이 자료들은 거미도 아니고, 뱀도 아니고, 단지 라트비아에 관한 정보일 뿐이야. 이 정보들이 나를 물어뜯지는 않아.' 창의적 활동을 하고 있다는 신호인 무아지경 속으로 빠져든 그녀를 바라보았습니다.

그녀는 자신과 마음의 대화를 나눈 뒤 입을 열었습니다. 그녀는 책을 세 권 쓸 계획이라고 했습니다. 그 계획들은 모두 훌륭했고, 그녀가 충분히 감당할 만했으며, 그녀의 목표에 정확히 부합하는 것이었습니다. 우리는 악수를 나누고 헤어졌습니다. 수잔은 작업을 착수하기 위해 니스로 돌아갔습니다. 그녀가 떠날 때 "이것이 바로 과정을 존중하는 태도예요"라고 말해주지 못한 것이 조금 아쉬웠습니다.

하루는 블르바드 리차르 르누아에 있는 노천시장으로 과일을 사러 갔습니다. 다른 가게보다 값이 조금 싸 보이는 가게에서 한 여자가 살구를 하나하나 조심스럽게 골라 종이봉투에 담고 있었습니다. 저도 그녀를 따라 좋은 살구를 하나씩 고르기 시작했습니다. 그때 젊은 아랍인 주인이 살구를 고르던 여자에게 과일 담는 국자를 건네며 짜증 섞인 소리를 했습니다. 정확하게 알아듣지는 못했지만 짐작할 수 있었습니다.

"값이 이렇게 싼데 좋은 것만 고르면 어떻게 합니까? 좋은 살구, 나쁜 살구를 한꺼번에 섞어서 사야 해요. 그래서 싼 거라고요!"

그녀는 가게 주인의 말에도 아랑곳하지 않았습니다. 비키라는 듯이 손으로 가게 주인을 밀치고는 계속해서 좋은 살구만 골라 담았습니다. 그녀의 태도가 가게 주인의 화를 돋우고 말았습니다. 사나운 말을 쏟아내기 시작했고, 마침내 가게 주인의 두 손이 번쩍 올라갔습니다. 저는 곧바로 과일 국자로 살구를 담기 시작했습니다. 제가 그렇게 한 것은 싸우고 싶지 않아서가 아닙니다. '좋은 살구, 나쁜 살구를 한꺼번에 사야 한다'는 가게주인의 말이 '창작 과정에서 힘든 일, 좋은 일, 그리고 나쁜 것, 좋은 것을 모두 받아들여야 한다'는 의미로 와 닿았기 때문입니다. 창작 과정을 존중하는 사람이라면 반드시 따라야 하는 원칙이죠.[04]

미국에서는 오직 최고, 최상의 것만 기대합니다. 슈퍼마켓에 있는 물건들을 보면 모든 것이 완벽해 보입니다. 완벽하게 보인다는 것은 제대로 숙성된 것은 없고, 보기에 좋은 것만 진열해놓았다는 뜻이기도 하죠. 최근 영화를 보면 믿을 수 없을 정도로 완성도가 높습니다. 비록 내용은 어이없고 짜증스럽지만 보기에는 그럴 듯합니다. 이런 문화의 영향 아래서는 '과정을 존중한다'는 것이 무엇을 의미하는지 가르치지 않습니다. 창작을 위해서는 좋은 것과 나쁜 것, 모두를 받아들여야 합니다. 잘 쓰인 문장과 서투르게 보이는 문장도 당연히 함께 받아들여야 합니다. 이것은 영원불변의 원칙입니다. 나쁜 문장을 나중에 지워버릴 수도 있지만 우선 좋은 문장과 나쁜 문장 모두 써야 합니다. 그렇게 하지 않으면 어떤 것도 쓸 수 없습니다. 만약 나쁜 문장 없이 좋은 문장만 쓰겠다고 덤벼들면 마비 상태에 빠지고 말 겁니다. 이런 문제를 일으키는 주범은 '완벽주의 성향'입니다. 사실 진정한 완벽주의자는 완벽해지려고 하지 않습니다. 그들은 단지 잘해내려고 최선을 다할 뿐입니다. 만약 완벽주의 성향의 사람이 좋은 것과 나쁜 것을 모두 받아들일 수 있다면 완벽주의 성향은 아무런 문제가 되지 않습니다.

모든 문장이 보석 같아야 한다는 생각에 묶여 있으면 글을 계속 쓸 수 없습니다. 유전자 변형으로 가죽처럼 매끈하게 껍질을 가진 상처가 하나도 없는 토마토들이 슈퍼마켓 냉장고에 잔뜩 쌓여 있는 것을 상상해보세요. 숙성되지 않아서 보기에만 예쁘지 딱딱

04
미국 사람들은 이 원칙을 쉽게 잊어버리는 경향이 있습니다. 본질보다 외형에 좌우되는 세태 속에는 이 원칙을 잘 가르치지 않습니다.

하기만 하고 신 살구만 가득 차 있는 냉장고를 상상해 보세요. 보석 같은 문장만 써야 한다는 것은, 이런 상황과 똑같은 겁니다. 잘 익은 것, 상처 난 것, 썩은 것, 예쁜 것, 단 것, 신 것…… 이 모든 것을 함께 담아야 합니다.

과정을 존중한다는 것은 이런 겁니다. 자료를 체계적으로 정리하는 것, 실수를 저지르는 것, 잘 팔릴지 확신이 없는 책을 완성하려고 계속 매달리는 것, 한밤중에 갑자기 해결책이 떠올라 밤을 새는 것, 미술 작품의 한 귀퉁이를 완성하기 위해 한 달 내내 고군분투하는 것, 만들어놓은 조각 작품이 아침에는 사랑스럽게 느껴지다가 오후 5시만 되면 미워지는 것…… 이 모든 것이 창조의 과정이고, 이 모두를 받아들이는 것이 과정을 존중하는 태도입니다. 이런 현실 때문에 많이, 아주 많이 낙담하고 절망하게 됩니다. 하지만 이 '과정' 속에는 아름다운 성공의 진실이 담겨 있습니다.

중요한 것은 목표를 이루는 것이 아니라,
그 과정에서 무엇을 배우며 얼마나 성장하느냐이다.

– 앤드류 매튜스

Self-Coaching 8

1. 목표는 현재의 행동방식을 결정합니다. 당신이 어떤 선택을 하고 어떤 행동을 해야 할지 그 방향을 알려줍니다. 당신에게는 어떤 인생의 목표가 있습니까? 앞으로 1년, 3년, 5년에 이루고 싶은 목표는 무엇입니까? 그 인생의 목표를 써보세요.

1년 후 목표 :

3년 후 목표 :

5년 후 목표 :

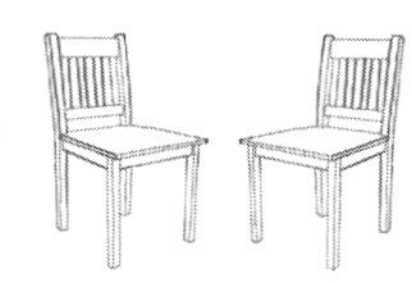

2. 한 분야에 몰두해 있는 당신의 모습을 상상만 해도 행복합니다. 당신이 전념하고 싶은 분야를 한 가지 떠올려보세요. 그리고 그 분야에서 일하는 당신의 모습을 자유롭게 글로 표현해보세요. (나의 책을 쓰는 것이 꿈이라면 원고를 완성하고, 출판사와 계약을 맺고, 출간된 책을 홍보하는 모습을 상상해보세요.)

Upholding dreams and testing reality

Week 9
꿈과 현실 사이에서 균형을 잡을 것

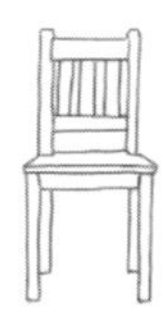

꿈을 크게 꾸면서 동시에 현실감각을 유지하는 것이 중요합니다. 어떤 상황에서도 꿈과 현실 두 가지를 잊지 말아야 합니다. 희망은 원대하지만 현실을 제대로 고려하지 않는 사람은 판타지 세계에서 살다가 인생을 끝마치게 됩니다. 현실을 받아들이기만 하고 꿈을 키우지 않으면 평범한 일상에서 무력하게 살다 인생을 마치게 됩니다. 꿈을 소중하게 키워나가면서 현실감각을 잃지 않는 사람은 창조적 영혼이 꿈을 펼칠 수 있는 힘을 얻습니다. 이런 사람만이 고된 현실의 어려움 속에서도 창조적 영감을 잉태하고 현실에서 구현할 수 있습니다.

심포니는 마음속에서 떠올라 작곡되고 현실에서 연주됩니다. 소설은 작가의 상상력에서 시작되어 글을 쓰는 고된 노력을 통해 구현되고 현실의 독자가 읽게 됩니다. 미술 작품은 영감이 떠올라 미술품으로 창조되어 현실의 미술관과 갤러리에 전시됩니다. 이렇게 자연스럽게 흘러가는 상황은 그 자체가 천국과 같습니다. 처음에는 모든 것이 꿈, 희망, 욕망, 충동, 열정과 집착에서 시작됩니다. 그다음에는 실제 현실에서 땀과 노력을 쏟아 붓고 자기 작품을 팔기 위해 수많은 전화 통화를 하고, 작품을 수정하고 또 수정하면서 때로는 지치고 실망하지만, 그러면서 더 많은 노력을 기울이게 됩니다. 꿈은 헬륨 풍선이고, 현실은 풍선에 매달린 끈입니다. 현명한 크리에이터는 즐거운 마음으로 풍선을 불어 크게 만들지만, 손으로는 풍선에 매달린 끈을 꽉 쥐고 놓지 않습니다.
현실성 없는 꿈으로 가득 찬 판타지 세계에 사는 사람이 있습니다. 그는 쓰지도 않은 영화 시나리오에 최고 유명 배우들이 출연하는 꿈을 꾸고, 쓰지도 않은 시를 현존하는 어떤 시들보다 뛰어나다고 믿으며, 검증되지 않은 발명품으로 특허 인정을 받아 엄청난 돈을 벌어들일 거라고 상상합니다. 시나리오를 쓰기는 했지만 유명한 감독에게 보이려고 시도하는 중이거나, 시를 쓰기는 했지만 지난 20년간 시를 출판한 적이 한 번도 없는 출판사 편집장에게 보냈다거나, 발명품을 만들어 검증해보기는 했지만 투자은행에서 연락이 올 때까지 막연히 기다리기만 하는 사람도 있습니다. 모두 바람직하지 않습니다.
세상에는 꿈을 꾸지 않고 현실만 보며 사는 사람도 있습니다. 사실 이런 사람이 더 많습니다. 이런 사람도 한 번쯤은 가슴에 꿈을 품어본 적이 있습니다. 어쩌면 아직도 마음속에서는 꿈이 뜨겁게 타오를지 모릅니다. 하지만 열정이 커질수록 고통도 커집니다. 어쩌면 이런 사람에게는 꿈을 꾸는 것조차 쉽게 허락되지 않을지 모릅니다. 그의 일상은 일과 더 많은 일, 약간의 즐거움, 그리고 더 많은 일과 책임, 더 많은 일과 위기로 가득 차 있습니다. 마음이 원하는 것을 계획할 수는 있지만 영혼이 만족할 수 있는 행동은 하지 못합니다. 이런 사람은 현실에서 성공할 수는 있겠지만 자신이 진정으로 사랑하는 것을 이루지는 못합니다.

창의적 활동에서 올바른 행동은 꿈과 현실 사이에 정면 대결인 동시에 꿈과 현실의 결합입니다. 음악의 원칙에 충실한 아름다운 멜로디, 등장인물의 심리상태가 잘 그려진 판타지 소설, 인체 구조에 대한 완벽한 이해를 바탕으로 한 조각 작품처럼 말이죠. 모든 크리에이터는 꿈을 꾸지만 실재 존재하는 사물을 이용해 작품을 만들고, 화학 공식을 응용하고, 깃털의 가벼운 특성을 살려서 작업하며, 점토가 지니는 가변성을 활용합니다. 꿈이 없다면 점토는 원래 그 자리에 있는 진흙에 불과합니다. 만약 점토가 없다면 상상한 도자기를 현실에서 만져볼 수 없겠죠. 알베르 카뮈[01]는 그의 수필집 《위험을 넘어 창조하라(Create Dangerously)》에서 다음과 같이 말했습니다.

> 가장 숭고한 일은 현실과 현실을 부정하는 것 사이에서 균형을 유지하는 것이다. 현실과 현실을 부정하는 것은 서로에게 자극을 주는데, 이것은 인생에서 즐거움과 슬픔 두 가지가 모두 넘쳐흐르는 것과 같다. 그러다 보면 때때로 일상의 현실과 다르지만 아직까지 비슷한 새로운 세계, 순수하면서 불안정한 세계가 나타나며 단지 잠시 동안 기발한 천재성에 대한 갈망이 요구될 뿐이다.

몽상가는 현실을 부정하고 현실주의자는 꿈을 거부하지만, 예술가는 꿈과 현실을 모두 포용합니다. 당신은 꿈을 소중히 간직하

01. 카뮈
프랑스의 소설가로 J. P. 사르트르와 함께 실존주의 철학의 대표자. 대표작으로 <이방인> 등이 있다.

고 동시에 현실을 존중해야 합니다. 현실적인 면에 치우쳐 있다면 "나는 꿈이 있어"라고 자신에게 상기시킵니다. 꿈속을 헤맨다면 "현실을 직시해"라고 다짐합니다. 인생의 의미를 만들려는 소명에는 자신이 가치 있다고 생각하는 신념이 내포되어 있습니다. '문화의 증인이 되겠다' '미의 창조자가 될 것이다' 또는 '사상을 발전시켜 나가겠다' 같은 것이죠. 인생의 소명을 이루기 위해서는 꿈과 현실감각 둘 다 필요합니다. 꿈과 현실감각은 소명을 위해 행동하도록 하는 도덕적 명령입니다. 꿈을 꾸며 살아가는 것과 현실을 인식하며 살아가는 것, 둘 다 신념에 찬 삶에 속합니다.

꿈과 현실 사이에서 춤추기

최근에 기진맥진할 때까지 열렬히 춤을 춘 적이 있습니까? 충분한 공간을 만들고 신나는 댄스 음악을 틉니다. 다음에 알려드리는 가사를 노래로 만들어 부르면서 미친 듯이 춤을 춰보세요.

"나는 꿈을 꿔. 나는 현실을 직시해. 나는 꿈만 좇지 않아. 나는 현실에만 매달리지 않아. 나는 하나에만 치우치지 않을 거야. 꿈만 좇지 않을 거야. 현실에만 매달리지 않을 거야."

실컷 춤춘 뒤에는 다음의 세 가지 질문을 자신에게 던져보세요.

'나는 꿈과 현실 사이에서 균형을 잡고 있는가?'

'어느 한쪽으로 기울어 있지 않은가?'

'만약 어느 한쪽으로 기울어 있다면 균형을 잡기 위해 어떻게 해야 할까?'

세 번째 질문, '만약 현실이 당신의 꿈을 처절하게 짓밟는다면 어떻게 해야 할까?' 이 질문은 당신이 직면하게 될 가장 중요한 문제이자 다른 어떤 문제보다 당신의 성찰을 요구합니다. 저마다 처한 현실은 다 다릅니다. 현실은 꿈이 산산조각 날 때까지 잔인하게, 끝까지 괴롭힙니다. 현실에 꽉 매여 있어서 꿈을 추구할 방법을 찾을 수 없을 때 무엇을 해야 할까요? 제가 가르쳤던 벨린다는 절망에 빠진 내담자에게 다음과 같은 도움을 주었습니다.

> 제가 상담한 내담자 가운데 자신의 인생에 크게 실망한 나머지 더는 꿈꿀 용기조차 상실한 여성이 있었습니다. 그녀에게 물었습니다.
>
> "당신에게 열정과 에너지를 불러일으키는 것은 무엇인가요?"
>
> "아무것도 없어요."
>
> 그녀가 대답했습니다. 그녀의 마음을 더 탐색하면서 그녀가 희망을 잃어버리기 전에 간직했던 꿈을 찾을 수 있었습니다. 하지만 그녀는 자신의 꿈이 너무나 원대해서 그것을 성취하는 것은 불가능하다고 생각했습니다. 현실감각을 발휘해 꿈을 점검했고, 그것을 이룰 수 없다는 것을 깨닫고는 바로 마음속에서 꿈을 지워버렸던 것이죠. 절망한 그녀에게 용기를 줘야 했습니다.
>
> "꿈을 이루기 위해서는 작은 행동들이 필요합니다."
>
> 저는 심호흡을 하고 내담자를 위한 희망을 찾기 위해 노력했습니다. 그리고 마침내 그녀에게서 놀라운 말을 들을 수 있었습니다.
>
> "자신의 꿈 중에 작은 부분을 이루려고 노력하는 것이 가치 있다는 걸 깨달았어요."
>
> 그녀의 마음에 작은 목표를 향해 한 단계 한 단계씩 나아갈 의지가 생긴 것이죠.

나의 꿈에 대해 질문하기

당신에게는 꿈이 있습니다. 훌륭한 소설을 써서 출판하는 것이 꿈일 수 있겠죠. 감히 입 밖으로 낼 수는 없어도 당신의 소설이 세상을 바꾸고, 당신의 소설로 세상 사람들이 더 나은 방향으로 움직일 거라는 꿈을 꿉니다. 이런 꿈은 당신에게 이롭습니다. 당신은 틀림없이 당신의 소설이 명성, 영광, 부를 가져다주고 노벨 문학상의 문턱까지 닿아 있는 상황을 꿈꿀 겁니다. 당신의 꿈은 아무런 잘못이 없습니다. 그 꿈은 고결하고 정당하며 가치 있습니다. 하지만 현실은 그 꿈을 조금 갉아 먹을 수 있습니다. 그러므로 질문해야 합니다.

"꿈을 소중하게 간직하기 위해서는 무엇을 해야 할까?"[02]

꿈에는 이치에 맞지 않는 뭔가가 있게 마련입니다. 열정적으로 의미를 만들겠다는 아이디어에도 이치에 맞지 않는 것이 있게 마련이죠. 인생을 매우 심각하게 받아들이는 것도, 자기 가치를 저평가하거나 인생을 아주 가볍게 여기는 것도 선뜻 납득하기 힘들 때가 있습니다. 현실에 속박되어 있는데도 "나는 자유롭다"고 말하는 것이 이상하게 느껴지는 것처럼 글을 쓸 수 있고 소나타를 작곡할 수 있는데도 "나는 자유가 없다"고 말하는 것 역시 이상하게 느껴집니다. 극작가 유진 이오네스코[03]는 고통스러운 현실의 부조리를 깨닫고 사는 것에 대해 설득력 있게 표현했습니다.

02
꿈을 잃지 않고 그것을 이루기 위해 일기 쓰기를 권합니다. 하루에 한 문장 또는 두 문장씩 꿈을 간직하고 이루기 위해 현실에서 어떻게 노력할지 매일 적어봅니다.

03. 유진 이오네스코
루마니아 태생의 프랑스 극작가. 부조리극의 대표작가.

> 무엇이 올바른가? 무관심, 냉담? 이건 불가능하다. 현실을 사는 우리는 현실과 무관할 수 없다. 우리는 세상을 거부할 수 없다. 그렇다면 모든 것을 심각하게 받아들여야 할까? 이 또한 바보 같

은 짓이다. 아니면 내가 나무처럼 존재할 수 있을까? 하지만 나는 나무가 아니다. 아니면 우주가 진화하는 똑같은 방향성으로 역사의 흐름을 따라갈 수 있을까? 하지만 아무도 이것이 무엇을 의미하는지 잘 모른다. 조금이나마 마음은 편할 것이다. 나는 그렇게 할 수 없다. 왜냐하면 삶은 불안의 원천이기 때문이다. 나는 쳇바퀴 도는 삶 속에 있다. 아마도 나는 쳇바퀴를 돌고 있지 않을지도 모른다. 어쩌면 쳇바퀴 자체가 없을지도 모른다. 나는 웃을 수도 없고, 울 수도 없고, 앉아 있을 수도 없고, 일어날 수도 없으며, 열망을 가질 수도 없고, 열망을 가지지 않을 수도 없다. 나는 마비되어 있다.

제가 가르치는 코치들에게 이 문제에 대해 질문했습니다. 레슬리는 이렇게 답했습니다.

저는 추수감사절을 캐나다에서 보낸 후 오랜 휴가를 마치고 일상으로 돌아왔습니다. 이 질문은 여행하는 내내 머릿속에서 떠나지 않았고, 가족 사이에서도 대화의 주제가 되었습니다. 제 일가 친척 중에는 예술가는커녕 예술가가 되고자 하는 사람도 없습니다. 하지만 각자 꿈을 가지고 있었고, 그 꿈들은 어떤 면에서 참 '부조리'했습니다. 저는 무리라고 생각하지만 올케의 꿈은 스파를 운영하는 것입니다. 시어머니는 다른 사람의 도움 없이는 생활하기 힘든데도 독립적으로 살기를 꿈꿉니다. 장부 기록이나 보험 처리에 관해 전혀 모르는 제 딸은 요가학원을 열고 싶어 합니다. 이런 상황들을 어떻게 이해해야 할까요?
이것이 꿈을 소중하게 간직하는 것과 현실감각을 유지하는 것을 동시에 테스트하는 문제입니다. 저는 무엇을 질문해야 하는지 않습니다. 독립적으로 사는 것이 꿈인 시어머니에게 "어머니, 담당 의사 선생님께서 건강 상태에 대해 뭐라고 하던가요? 재택 간호사를 고용할 만한 돈은 어떻게 구하실 생각이세요?"라고 물어볼 수 있겠죠. 스파를 운영하고 싶어 하는 올케에게 "스파에서 일해본 적 있어요? 올케를 견습생으로 고용할 사람이 있을까요?"라고 물어볼 수 있겠고, 딸에게는 "근처에 요가 연습실로 빌려 쓸 만한 스튜디오가 있니?"라고 물어볼 수 있겠네요.

그들의 꿈은 이런 질문에 대한 답을 요구받게 됩니다. 냉정한 현실이 그 꿈을 충분히 산산조각 낼 것이므로 굳이 저까지 그럴 필요는 없겠지만 말이죠. 하지만 그들을 사랑하는 마음으로, 도와주기 위해 친절하지만 솔직하게 질문할 수는 있겠죠.

당신의 꿈이 창의적인 열정으로 일과 삶을 가꾸는 것이라면 꿈이 물속으로 가라앉지 않도록 잘 지탱하는 것이 얼마나 어려운지 이미 잘 알 겁니다. 월요일, 몹시 바빠 창작 작업을 할 수 없다고 선언하는 순간 당신의 꿈에 구멍이 나기 시작합니다. 화요일, 룸메이트가 갚아야 할 빚이 더 늘어났다고 상기시켜주면 꿈에는 또 다시 커다란 구멍이 생깁니다. 수요일, 베스트셀러, 블록버스터 영화, 히트 앨범 광고가 당신의 열등감을 자극하면 꿈에 또 다른 구멍이 생깁니다. 목요일, 부모님은 당신이 아닌 당신의 동생이 얼마나 뛰어난지 이야기합니다. 금요일, 출판사 에이전트, 갤러리 관장은 당신의 작품에 대해 아무런 말도 하지 않습니다. 당신의 꿈은 산산이 부서져버립니다. 당신의 꿈이 물속으로 가라앉아 완전히 없어질 때까지 시간이 얼마나 걸릴까요?

불안해하지 않기를 바랍니다. 양손을 쭉 뻗어 물속으로 가라앉는 당신의 꿈을 건져내세요. 건져 올린 꿈을 받침대 위에 올려놓고 선의와 현실감각이라는 광택제로 매일 닦아주세요. 절대로 현실이라는 광택제를 잊어서는 안 됩니다. 그렇지 않으면 당신의 꿈은 반짝거리지 않을 겁니다. 꿈이 물속으로 사라지지 않도록 하기 위한 노력은 훌륭한 것이지만, 그것만으로 부족합니다. 꿈을 간직하고, 또 현실을 직시하는 두 가지의 용기가 필요합니다.

미래의 꿈을 미리 경험한다

캘리포니아 작가클럽의 버클리 지부에서 개최한 워크숍에서 강의를 했습니다. 저는 지원자가 사람들 앞으로 나와서 자신이 진행하는 프로젝트에 관해 출판사 편집자나 에이전트 역할을 맡은 다른 지원자에게 어필하는 역할극(role-play)[04]으로 강의를 진행했습니다. 지원자들은 매월 발행되는 워크숍 안내문을 통해 제 수업 방식을 알 수 있었으므로 참석률이 저조할 거라 예상했는데 스무 명 남짓 참석했습니다. 지원자 대부분이 역할극에 열의를 보이기보다 긴장한 것 같았습니다. 저는 작가들 앞으로 나가 자리를 잡은 후 수업 방식을 간략하게 소개했습니다.

"여러분은 꿈이 있습니다. 바로 여러분의 책을 출판하는 것이지요. 그러나 현실은 호락호락하지 않습니다. 여러분의 글을 책으로 출판하려면 이리저리 뛰어 다녀야만 합니다. 출판사 편집자에게 편지를 보내고, 출판 제안서를 보내고, 여러 가지 서류를 준비해야 합니다. 가끔씩은 작가 모임이나 도서 박람회에서 편집자나 출판 에이전트를 만나 즉석에서 자신의 글을 홍보해야

04. 역할극
현실에서 일어나는 장면을 여러 사람들이 각자가 맡은 역을 연기하여 실제로 일어났을 때 올바르게 대처할 수 있게 하는 학습 방법들 가운데 하나이다.

만 합니다. 이런 사회적인 관계의 상호작용을 역할극으로 훈련해보려고 합니다.

왜 하필 역할극인지 궁금할 수 있어요. 몇 가지 이유가 있습니다. 우선 여기 모인 여러분에게 이 연습이 필요합니다. 여러분은 지금까지 출판사 편집자나 출판 에이전트와 작가 사이에서 일어나는 이런 사적인 만남의 순간을 경험해본 적이 없기 때문입니다. 실제로 이런 상황에 맞닥뜨리지 않으면 경험할 수 없으니까요. 이런 경험을 할 가능성이 낮을 뿐 아니라, 실제로 이런 상황에 처하게 되면 긴장하고 불안한 나머지 머릿속이 새하얘집니다. 해야 할 말이 전혀 떠오르지 않을 수 있다는 뜻입니다. 다른 이유도 있습니다. 자신의 책을 침착하게 그리고 현명하게 설명할 수 있는 준비가 되어 있다면 책의 주제를 더 선명하게 전달할 수 있을 뿐 아니라 나중에 글을 수정할 때도 많은 도움을 받을 수 있습니다. 자신이 쓴 글에 관해 다른 사람들과 자연스럽게 이야기를 나눌 수 있다면 다른 글을 쓰고 출판할 기회도 많아집니다. 마지막 이유는 여러분처럼 경험이 적은 작가들은 자신의 책을 설명하는 것이 매우 서툴기 때문입니다. 자존심, 걱정, 준비 부족, 책에 쏟아 부은 정성 때문에 자연스럽게 말하기 어렵고, 심지어 책의 제목조차 기억하지 못할 수 있습니다.

역할극 훈련을 통해 앞으로 닥칠 상황들을 미리 경험해보게 될 것입니다. 용감하게 자원해서 역할극에 참여한다면 자신의 책을 훨씬 더 효과적으로 홍보할 수 있겠지요. 자, 이제 시작해보겠습니다. 출판 에이전트 역할을 할 사람이 필요해요. 작가를 당황하게 만들어야 합니다. 무례하고 거만할수록 좋습니다."

참석자들은 내 말에 긴장하면서도 무슨 뜻인지 알겠다는 듯 고개를 끄덕였습니다.

"자신의 책을 출판사에 어필해보고 싶어 하는 작가 역할을 할 분도 필요합니다."

아무도 앞으로 나서지 않았습니다. 긴 10초가 지나갔습니다.

"좋습니다. 바로 이것이 오늘 이 시간에 배울 것 중에서 가장 중요한 레슨입니다. 이 공간에 흐르는 불안이 느껴지세요? 여러분은 이 불안에 당당히 맞서야 합니다. 누가 출판 에이전트 역할을 맡아보겠습니까?"

다시 5초간의 정적이 흘렀습니다. 마침내 뒷자리에 앉아 있던 한 여성이 외쳤습니다.

"좋아요. 제가 해볼게요."

그녀에게 박수와 환호가 쏟아졌습니다. 그녀는 앞으로 나와 사람들 앞에 놓인 두 의자 중 하나에 앉았습니다.

"자, 그럼 이제 누가 작가 역할을 해볼까요?"

역시 아무도 나서지 않았습니다. 10초가 흘렀습니다. 스무 명의 작가에게는 그 순간이 아주 길게 느껴졌겠죠. 20초가 지나자 마침내 다른 여성이 자리에서 일어났습니다.

"내키지는 않지만 제가 해보죠."

그녀가 앞으로 나오자 안도와 환호의 박수가 터졌습니다. 그녀는 출판 에이전트 역할을 맡은 지원자와 마주보고 앉았습니다. 두 사람은 서로를 쳐다보며 쓴웃음을 지었습니다. 저의 지시를 기다리는 동안 두 지원자는 어색해하며 쓸데없는 농담을 주고받았습니다. 저는 에이전트 역할을 맡은 사람을 향해 말했습니다.

"시작하십시오."

그녀는 얼굴을 찌푸리며 저에게 되물었습니다.

"물어볼 말이 하나도 없는데요."

"당연히 물어볼 것들이 있잖아요?"

저는 말을 마친 뒤 반응을 기다렸습니다. 그녀는 머리를 흔들고 쓸데없는 농담을 해가면서 앉아 있는 작가들을 향해 무슨 말을 하는 것이 좋을지 물었습니다. 저는 도와주지 말라고 말했습니다. 마침내 억지로 뭔가를 떠올린 듯 작가 역할을 맡은 지원자에게 물었습니다.

"당신이 쓴 책의 내용이 뭐죠?"

저는 그녀에게 익살맞은 환호를 보냈고, 그녀 역시 재치 있게 머리를 숙여 화답했습니다. 작가 역할을 맡은 지원자의 차례가 되었습니다. 뭐라고 답할지 모르겠다는 듯한 제스처를 했습니다. 얼굴을 찌푸리고 한두 마디 하려다 멈추곤 하더니 마침내 습관인 듯한 반어법적인 어투로 대답했습니다.

"단지 몇 마디 단어로 설명하기가 어렵네요. 원고를 보내드릴까요?"

지켜보는 사람들 사이에서 웃음이 터져 나왔습니다. 저는 웃지 못하게 했습니다.

"웃으면 안 돼요. 이건 실제와 다름없는 상황입니다. 그녀는 자신의 책을 어필할 수 있는 방법을 찾아내야 해요. 세 번이 될 수도 있고, 서른 번이 될 수도 있지만, 이건 실제 상황이고 제대로 해야만 합니다."

저는 작가 역할을 맡은 사람에게 계속하라고 말했습니다.

"다시 해보세요."
그녀는 다시 책의 내용을 설명했지만 무슨 말인지 도무지 이해할 수 없었습니다.
"다시 해보세요."
다른 방식으로 설명했지만 더 혼란스러워졌습니다. 몇 차례나 다시 설명하기를 반복하고서야 마침내 그녀가 쓴 책의 배경이 1890년대라는 것을 알 수 있었습니다. 가장 간단한 것을 설명하는 데 아주 긴 시간이 걸렸습니다. 나는 그녀의 말을 멈추고 몇 번 더 처음부터 새롭게 시도해보라고 했습니다. 마침내, 정말 마침내, 그녀는 분명하게 표현했습니다.
"역사 소설이에요. 궁벽한 땅이던 몬타나의 카니발리즘[05]과 사랑에 대한 실화를 토대로 한 소설이에요. 주인공은 몬타나에서 처음으로 불교 스님이 된 남자와 에이브러험 링컨의 손녀딸입니다."

05. 카니발리즘
사람고기를 먹는 풍습, 원주민이 전쟁에서 잡은 포로를 잔인한 방법으로 죽인 뒤 그것을 먹었던 것에서 유래했다.

사람들 사이에서 환호가 터져 나왔습니다. 시간을 절약하기 위해 제가 말했습니다.
"출판 에이전트는 이제 어떤 질문을 할까요? 실제로 가장 물어볼 만한 질문만 언급해보죠. 전에는 어떤 책을 썼습니까? 이제까지 당신이 쓴 원고를 본 사람이 있나요? 당신 책의 주요 독자를 누구로 생각하나요? 원고는 얼마나 진행됐나요? 원고 분량은 어느 정도죠? 책이 출판된다면 당신은 책을 어떻게 홍보할 건가요?"
이런 질문에 대해 유용하면서도 합리적인 대답이 준비되어야 합니다.

"이전에 쓴 글은 뭐가 있죠?"

"글쎄요. 특별히 써놓은 것은 없어요."

이렇게 대답하면 곤란합니다.

"원고 분량이 어느 정도죠?"

"분량은 꽤 되지만 원하면 줄일 수도 있어요."

이렇게 대답해도 안 됩니다.

"지금까지 누구에게 이 원고를 보여주었나요?"

"몇몇 친구에게 보여주었고, 몇 명은 제 원고가 좋다고 했어요."

이런 대답 역시 좋지 않습니다. 저는 출판 에이전트 역할을 맡은 사람에게 '당신 책의 주 독자가 누구인지' 물어보라고 지시했습니다. 작가 역할을 맡은 사람은 생각에 잠겼습니다. 그녀는 몸을 뒤틀지도, 고집스럽게 반발하지도 않았습니다. 그녀는 생각했습니다. 그녀가 답을 한 뒤 자신의 답을 스스로 되돌려 생각하고, 그것을 수정하고, 다시 답하는 과정을 지켜봤습니다. 그녀는 애원하지도 않았고, 전투적인 반응을 보이지도 않았습니다. 그녀는 훌륭한 대답을 준비하려고 노력하는 작가였습니다. 마침내 그녀가 입을 열었습니다.

"제 책의 핵심 독자는 페니 메이 스미스의 명작 《My Brother, My Butcher》와 리타 조 쿨리지의 《When Love Comes for Dinner》를 좋아한 사람들을 염두에 두고 있어요. 동양의 가르침에 관심이 있는 독자라면 주요 등장인물 중에 스님이 있다는 설정을 흥미롭게 여길 것 같아요. 링컨 대통령을 사랑하는 독자라면 링컨의 손녀에게 어떤 일이 있었는지 관심이 많을 것 같아요."

여기저기서 감탄이 흘렀습니다.

"훌륭해요!"

나는 작가 역할을 맡은 여성에게 찬사를 보낸 뒤 출판 에이전트 역할에게 말했습니다.

"이 여성 작가가 원하는 것을 주세요. 그리고 이렇게 말해주세요. 당신 소설의 시놉시스와 처음 50페이지를 보고 싶군요. 다른 질문 있나요?"

에이전트 역할을 맡은 사람이 이 말을 그대로 작가 역할을 하는 사람에게 했습니다. 저는 작가 역할을 맡은 여성을 바라보며 말했습니다.

"우선 정말로 부적절한 대답부터 해봅시다."

작가는 잠시 생각을 하더니 갑자기 웃었습니다. 그리고는 손가락을 까딱거리며 에이전트에게 이야기하기 시작했습니다.

"정말로요? 그런데 제 작품에 대한 시놉시스가 준비되어 있지 않은데요. 그게 중요한가요? 저는 시놉시스가 쓸데없다고 생각하거든요. 무슨 의미냐 하면, 시놉시스로 어떻게 소설을 이해할 수 있다는 거죠? 그리고 당신은 얼마나 챙길 건가요? 15퍼센트? 너무 많지 않나요? 저는 가난하고 배고픈 작가예요. 10퍼센트는 어떤가요? 그리고 제게 언제 답을 줄 거죠? 한 달? 한 달 반? 좀 길지 않나요? 일주일 안에 확답을 줄 수 있나요? 책을 빨리 출판하고 싶어 하는 것은 당연한 거 아닌가요?"

이 대화를 지켜보던 작가들은 발을 동동거렸습니다. 출판 에이전트에게 이렇게 말하고 싶은 게 그들의 솔직한 마음이었겠죠.

"이제는 상황에 적절한 대답을 해보세요."

작가는 심호흡을 깊게 한 뒤 침착하게 말했습니다.

"아니요. 다른 질문은 없습니다. 당신이 제 시놉시스와 소설을 읽고 난 뒤 제게 연락 주시기를 바랍니다. 정말 감사합니다."

이렇게 하는 것이 정말로 어려운 일일까요? 감정적으로 이야기하면 이렇게 대답하기 어렵습니다. 출판 관계자와 출판 시장에서 중요한 역할을 하는 사람 앞에서 우리 안에 있는 모든 어리석음, 고집, 분개, 자존심, 자기 파괴적인 본능이 진동하기 시작합니다.[06]

저는 또 다른 상황으로 역할극을 제안했고 참석자들은 나쁜 상황이 되풀이되는 광경을 지켜봐야 했습니다. 하지만 시간이 지날수록 자연스러워지고 능숙해져서 실제처럼 대화를 나눌 수 있게 되었습니다.

출판 에이전트와 편집자가 몹시 바쁜 나머지 작품을 빠르고 명확하게 설명하지 못하는 작가에게 인내심을 베풀지 않는다는 것을 작가들은 이미 잘 알고 있었습니다. 작가들은 이런 이야기를 수도 없이 들어왔고, 그리고 마음에 들어 하지 않습니다. 그러나 이제는 역할극을 통해 직접 체험해보기 전에는 이해되지 않았지만, 출판 에이전트와 편집자가 무엇을 원하는지 알게 되었습니다. 지금껏 작가 경력에 도움이 되지 않는 자신감 없는 프레젠테이션을 하고, 청중의 이목을 사로잡지 못하는 이야기를 하고, 가장 단순한 질문에도 한심스러울 정도로 부적절한 대답을 해왔던 거죠. 중요한 것을 제대로 전달하지 못한 채 안타까운 기회들을 계속해서 놓쳐버리고 마는 상황을 눈으로 직접 확인했습니다.

휴식 시간이 되었습니다. 저의 소중한 친구 한 명이 기억났습니다. 그 친구와 저는 30년 전에 샌프란시스코 주립 대학교 대학원

06
이런 상황에서 우리는 외줄 위에서 춤추는 해골처럼 반응합니다. 자기 작품을 충분히 이해하지 못해서 자신감이 없는 상황에서는 설득력 있게 작품을 어필하기보다는 공격적으로 말하거나 꽁무니를 빼는 식으로 반응합니다.

의 크리에이티브 라이팅 프로그램에서 처음 만났습니다. 이후로도 좋은 친구로 지냈지만 자주 연락하지는 못했습니다. 그녀는 유럽에서 싱글맘으로 아이들을 키우며 비영리단체에서 활동했습니다. 그런 상황에서도 그녀는 작가의 꿈을 가슴속에 품고 살았습니다. 비록 출판 에이전트나 편집자가 그녀의 작품에 관심을 보인 적은 없지만, 그녀는 훌륭한 소설들을 꾸준히 쓰고 있었습니다.

최근에 그녀는 새로운 소설을 완성했습니다. 꿈을 소중하게 간직한 채 꾸준히 소설을 쓴다는 것이 정말 대단하지 않습니까? 그녀가 저에게 출판 에이전트와 편집자에게 자신의 소설을 어떻게 어필해야 하는지에 알려달라고 도움을 청해왔습니다. 그녀는 제 워크숍에 참석한 작가들처럼 제가 가르쳐주는 방법을 직접 실천해 보는 것을 망설였습니다. 하지만 저는 그녀를 설득했습니다. 출판 에이전트에 접근하는 최선의 방법과 최악의 방법이 있으며, 그녀는 지금까지 좋지 않은 길을 택해왔음을 설득하고 확신시키는 데 몇 달이 걸렸습니다.

마침내, 그녀가 제 이야기에 반응을 보이기 시작했습니다. 현재 한 출판 에이전트가 그녀의 소설을 출판해줄 출판사를 찾아 열심히 뛰고 있다고 합니다. 좋은 뉴스였습니다. 누가 봐도 분명한 길을 가게 하기 위해 제가 그녀에게 오랜 시간을 들여야 했던 이유가 무엇일까요? 왜 그녀는 완강하게 고집을 부렸을까요? 솔직히 고백하자면, 저 자신도 그녀처럼 그리고 워크숍에 모인 다른 작가들처럼 과거에 수천 번도 넘게 비슷한 실수를 저질렀습니다. 지금도 여전히 실수하고 있고요. 빤히 보이는 지름길을 두고 길을 헤매며, 바보 같은 행동으로 제 무덤을 파곤 합니다. 왜 일까요?
휴식 시간이 끝나고 상기되어 있는 작가들 틈으로 다시 돌아왔습니다. 그들의 문제를 해결해줄 수 있는 새로운 해답을 갖고 있지는 않지만, 가혹한 현실 속에서 꿈을 지켜나갈 수 있도록 도와주고 싶다는 열망이 다시 샘솟았습니다. 작가들은 짝을 지어 역할극을 연습하고 있었습니다. 그들의 모습에서 새로운 용기를 읽을 수 있었습니다.

현실 그 자체보다도 그것을 어떻게 해석하느냐가 중요하다.

– 웨인 다이어

Self-Coaching 9

1. 꿈과 현실은 가깝고도 먼 사이입니다. 현실에만 급급하면 꿈은 작아질 수 있습니다. 당신에게는 어떤 꿈이 있습니까?
   "나의 꿈은……"을 주어로 다음 문장을 자유롭게 완성해보세요.

   ㉨ 나의 꿈은 나만의 작업실을 갖는 것이다.

   ① 나의 꿈은

   ② 나의 꿈은

   ③ 나의 꿈은

2. 꿈을 이루기 위해 당신은 어떻게 노력해야 할까요? 당신이 창의적인 삶을 원한다면 꿈을 소중하게 간직해야 합니다. 꿈을 잃지 않기 위해 꿈 일기장을 써보기를 권합니다. 이 일기를 당신의 꿈 증인으로 활용해보세요.

<나만의 꿈 일기장>

요일	꿈 내용	꿈을 위한 실천사항
월요일	작업실 갖기	우선, 나만의 작업실을 어떻게 꾸밀지 큰 그림 그리기. 저축도 해야겠지?

Creating in the middle of things

Week 10

삶의 한가운데서 움직일 것

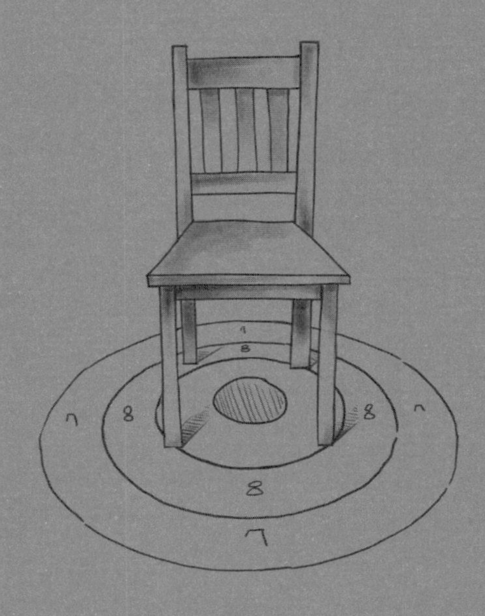

우리는 자신을 둘러싼 문화와 자신의 독특한 성격이 빚어내는 갈등의 고통 속에 삽니다. 걱정, 의심, 공포를 항상 느끼며 마음 속에 뒤엉킨 혼란들이 창의적 활동에 집중하지 못하게 방해합니다. 인간관계와 직장생활에서 비롯하는 압박감 때문에 날카로워지고 깊이 사유하기가 힘듭니다. 우리는 언제나 현실의 삶 속에 있습니다. 현실 속에 존재하며 현실을 떠난 다른 곳에서는 존재할 수도 없고 휴식을 취할 수도 없습니다. 완전한 피난처는 존재하지 않습니다.

《지상에서 영원으로(From Here to Eternity)》라는 책을 써서 큰 재산을 모은 제임스 존스[01]는 가난한 작가들이 생계를 걱정하지 않고 작품 활동에 전념할 수 있도록 경제적으로 도와주고 싶었습니다. 그는 가난한 작가들에게 돈을 나누어주었습니다. 그런데 그의 돈을 받은 작가들이 작품을 쓰지 않았습니다. 글을 쓰지 못했던 이유가 가난 때문이 아니었습니다. 삶의 모든 것이 문제였고, 그 속에서 글을 써야 했는데 그러지 않았던 겁니다.

01. 제임스 존스
미국의 소설가. 일본이 진주만을 공격하기 직전 하와이에서 평화롭게 주둔해 있던 부대의 이야기를 다룬 《지상에서 영원으로》가 대표작이다.

우리는 현실의 삶 한가운데서 창작할 수 있어야 합니다. 현실을 회피하면서 창의적일 수는 없습니다. 창작활동을 방해하는 마음의 문제와 현실에 존재하는 많은 훼방꾼과 싸워 이기는 방법을 배우고 익혀야 합니다. 뉴턴은 흑사병에 걸릴지 모른다는 공포를 느꼈습니다. 그래서 대학을 떠나 집에 숨었고, 그곳에서 자신의 이론에 몰입했습니다. 그 결과 만유인력의 법칙과 미적분학 이론이 탄생했습니다. 도스토예프스키[02]는 아내가 옆방에서 죽어가는 동안 실존주의 고전 작품인 《지하로부터의 노트(Notes from Underground)》 속 등장인물을 통해 자신의 슬픔과 감정적 고통을 냉소로 바꿔 쏟아냈습니다. 시한부 선고를 받은 어느 시나리오 작가는 새로운 작품에 대한 구상으로 자신의 병을 두려움이 아닌 창의적 열정으로 견뎌냈습니다. 세상에는 언제나 사람들을 뒤흔드는 안팎의 동요들이 존재합니다. 이것이 인생입니다. 이런 온갖 어려움 속에서 창의적 작업에 몰두해야 하는 것이 현실입니다. 어쩌면 창의적 작업이 현실의 고통을 견디게 해주는 유일한 것인지 모릅니다.

러시아의 작곡가 쇼스타코비치[03]는 조국의 멸망, 나치의 침략, 스탈린의 공포정치, 그리고 수많은 죽음을 목격했습니다. 이런 혼돈 속에서 전쟁 심포니 세 곡을 작곡했습니다. 어려운 환경에서도 창작활동을 멈추지 않았고, 영웅적이고 선동적인 음악을 작곡하라는 스탈린의 요구와 정면으로 부딪혔습니다. 쇼스타코비치는 스탈린의 명령을 무시하고 가난한 연주자들을 불러 모아 연주회를 열었습니다. 누더기를 걸치고 절망에 빠져 있는 동포

02. 도스토예프스키
19세기 러시아를 대표하는 세계적인 소설가이자 사상가. 자본주의가 들어서는 과도기 러시아의 시대적 모순을 작품에 투영하였으며, 20세기의 사상과 문학에 깊은 영향을 끼쳤다.

03. 쇼스타코비치
20세기의 가장 뛰어난 러시아 작곡가 중 한 사람. 오케스트라 작품으로는 15편의 교향곡과 6편의 협주곡이 있다.

들의 영혼을 달래기 위한 연주회를 열었습니다. 이것은 비탄에 빠진 동포의 사기를 높여주고 싶었던 자기와의 싸움이기도 했습니다. 이런 상황에서 당신이라면 쇼스타코비치처럼 할 수 있었을까요?

결심이 굳건한 크리에이터는 최악의 상황이 발생하더라도 이겨냅니다. 하지만 저를 포함한 대부분의 사람들은 일상에서 생길 수 있는 평범한 위기에도 하던 일을 멈추게 됩니다. 곰곰이 생각해보면 일상의 위기는 대부분 내면적이고 감정적인 데서 비롯합니다. 자신의 신념에 의문이 생기고, '내가 할 수 있을까?' 하는 회의감이 들고, 자신을 탓하게 됩니다. 그러면서 불안감을 느끼고, 삶의 의미를 찾지 못하면 위기가 찾아옵니다. 특별한 일이 없다면 작품을 충분히 완성할 수 있는 작가도 부부 간의 말다툼이나 재능이 부족하다는 생각에 빠져드는 것만으로도 글쓰기를 중단하게 됩니다. 잘 생각해보세요. 자기 자신뿐 아니라 내적 갈등, 외형적인 모습…… 이 모든 것이 현실의 삶의 한가운데 있습니다.

가끔은 인생이 큰 문제없이 흘러가는 것처럼 느껴지기도 합니다. 당신은 퇴근 후 간단히 저녁식사를 합니다. 쓰고 싶던 소설을 쓰는 대신 텔레비전을 먼저 켭니다. 이런 일상 속에서 당신은 어떤 존재인가요? 글을 쓰는 데 필요한 완벽하게 자유로운 시간이 조금도 없었나요? 그렇지 않습니다. 해야 하는 일이나 의무가 없다는 것을 자기 성격이나 사회로부터 자유롭다는 것으로 믿는다면, 당신은 현실의 한가운데 존재한다는 것이 어떤 의미인지 이해하지 못하는 겁니다. 삶은 언제나 개인의 성격에 영향을 받고, 의식의 흐름 속에 존재하며 문화 안에 존재합니다. 탈출구는 없습니다. 당신이 실존의 문제에서 완전히 벗어날 수 없다면(세상 누구도 벗어날 수 없죠), 현실 한가운데서 창작하는 방법을 배워야 합니다.

현실의 한가운데서 창작하기

어떻게 하면 현실의 한가운데에서도 창작활동을 계속할 수 있을까요? 고난이 찾아와도 창작을 계속하려면 어떻게 해야 할까요? 이 질문에 대한 자기만의 답을 찾아야 합니다. 일상에 위기가 닥치면 대부분의 사람들은 아마도 창의적 활동을 중단할 겁니다. 수많은 현실의 어려움과 위기가 사람들을 좌절시킵니다. 하루는 이것, 다음날은 저것, 그다음 날은 또 다른 문제로 일은 항상 생기게 마련입니다. 사람들은 대부분 자기가 희망하는 것을 이뤄내지 못하는 이유가 남들보다 창의성이 뛰어나지 못해서라고 여깁니다. 그것은 오답 중 하나입니다. 그들은 무엇을 해야 하는지 모른 채 아무런 노력도 하지 않았을 뿐입니다.

또 다른 오답은 현실의 위기 상황에서 자신을 삶으로부터 억지로 격리시키는 것입니다. 인간관계처럼 살아가는 동안 짐이 될 수도 있는 것들을 아예 차단해버리는 것이지요. 현실의 짐을 덜기 위해 어떤 예술가(혹은 예술가 지망생)는 세상을 향한 문을 쾅 닫아버립니다. 세상과 격리되어 작품을 만들 수 있지만, 이렇게 하면 소외, 고독, 불행이라는 매우 값비싼 대가를 치르게 됩니다. 예술가의 인생에서 고독은 필수이고 아름다울 수도 있지만, 자신이 처한 현실의 어려움을 극복하기 위한 방법으로 극단적인 고립은 최악입니다.[04]

04
현실이라는 전쟁에서는 도망쳐 숨어버릴 수 있더라도, 우울한 감정이나 비관적인 생각처럼 항상 자신을 따라다니는 심리 상태로부터는 완전히 달아날 수 없습니다.

위기 상황에 대처하는 또 다른 잘못된 방식은 돌발적으로 그리고 간헐적으로만 작업에 몰두하는 것입니다. 억제하기 힘든 무언가가 돌발적으로 가슴속에 꿈틀거리고 의욕이 넘쳐날 때만 창작활동을 하는 것이죠. 처음 그림을 그리고 난 뒤 2년이 지나서야, 심지어는 10년이 지난 다음 그림을 다시 그리기 시작한다거나 평생 시 열한 편만 쓰고 중단한다든가 하는 식이죠. 그것은 창작을 원하지만 실제로는 자기 인생에서 아주 짧은 시간 동안만 창작활동을 하는 것입니다. 이런 방식으로는 잠재력을 최대한 발휘하지 못합니다. 영감이 떠오르기를 반짝이는 아이디어가 떠오르기를 하염없이 기다리다가 자기 자신에게 실망만 할 겁니다.

현실에서 겪게 되는 난관 때문에 창작을 중단한다거나 자신을 세상과 완전히 격리시키거나 열정이 솟아날 때만 창작을 하겠다고 마음먹는 것 모두 잘못된 방법입니다. 그러면 어떻게 해야 할까요? 지금까지 저는 마음을 다스리는 것, 인생의 목표를 설정하고 그것을 표현하는 것, 의미는 저절로 오는 것이 아니라 스스로 만들어가야 한다는 것을 자기 자신에게 확신시키고, 어떻게 열정을 솟아나게 할 수 있는지를 알려드렸습니다. 이제 창작 과정에서 경험하는 고뇌와 고난을 이해하고, 그 험난한 암벽을 어떻게 타고 올라갈지, 그 격렬한 강을 어떻게 건너갈 수 있는지를 배우고 실천해야 합니다. 지금부터 실제 생활에서 적용할 수 있는 몇 가지 방법을 알려드리겠습니다.

"옷을 차려 입고 나타나라."

알코올중독자 모임에서 오랫동안 이어 내려온 이 경구는 창의적 활동에도 적용됩니다. 열등감에 휩싸여서 알코올중독 치료를 포기하는 환자들이 있습니다. 술에서 벗어날 수 있을 것 같아 스스로 치료를 중단해버리는 환자도 있죠. 하지만 이렇게 해서는 완치될 수 없습니다. 무슨 일이 있어도 치료 모임에 참석해야 합니다. 그래야 완치될 수 있습니다. 창작도 마찬가지입니다.

저는 글 쓰는 시간을 정해놓고 그 시간에는 무슨 일이 있어도 컴퓨터 앞에 앉아 있는 것이 가장 중요하다고 믿습니다. "옷을 차려입고 나타나라"는 것은 깨끗한 정장을 입으라는 말이 아닙니다. 마음의 준비가 되어 있어야만 한다는 것도 아닙니다. 글을 쓰지 않으려는 핑계를 더는 용납하지 않겠다고 다짐하라는 뜻입니다.

"징징거리지 마라."

글쓰기 교육 프로그램으로 유명한 아이오아대학에 재학 중인 한 여학생은 컴퓨터에 붙여놓았던 슬로건에 관해 쓴 글이 대중 잡지에 실렸습니다. "징징거리지 마라"는 여학생의 이 한마디가 저는 창조의 철학을 아주 구체적으로 표현했다고 생각합니다. 이 문장은 놀랍도록 강력합니다. 불평불만을 뿌리 뽑겠다고 마음먹는다면 당신은 엄청난 힘을 얻을 수 있습니다. 일상에서 매일 생기는 일들에 불평하지 않는 것은 창작활동에 몰두하는 것을 방해하는 자기변명을 없애는 가장 강력한 도구입니다.

"기대를 버려라."

사무엘 존슨은 막연한 기대감과 미래에 대한 무비판적인 낙관론은 창작의 적이라고 지적했습니다. 만약 자신이 쓰고자 하는 글이 위대하다고 미리 상상한다면, 그 상상은 자기 글의 첫 번째 문장을 쓰면서 산산이 깨지고 말 것입니다.

"처음부터 원대한 기대에 빠져들지 마십시오." 매일 글을 쓰는 습관을 유지하면서(최소한 하루 세 번) 아무것도 기대하지 말고 첫 문장을 쓰세요. 거대한 강의 첫 출발은 졸졸 흐르는 시냇물입니다. 첫 문장이 탁월하게 훌륭해 보이지 않더라도 걱정하지 말고 창작활동에 몰두하세요.

"어떤 상황에도 시동이 걸리는 자동차를 상상하라."

저는 매일 아침, 글을 쓰기 전에 잠깐 동안(고양이에게 밥을 주거나 커피를 만드는 동안) 자동차 사진을 봅니다. 하루의 시작을 힘들이지 않고 가볍게 시작하는 거죠. 글을 쓰려고 하는데 첫 문장이 떠오르지 않으면 저는 머릿속으로 자동차 키의 촉감을 느끼면서 시동을 겁니다. 그러면 상상 속의 자동차는 '부릉' 경쾌한 엔진 소리를 내며 시동이 걸립니다. 저의 하루는 이렇게 시작됩니다. 하루의 시작이 어떨지 잘 아는 만큼 아침 이후의 일과에 대해서는 크게 걱정하지 않습니다.[05]

05
창작활동도 마찬가지입니다. 부담 없이, 완벽하게 시작할 수 있는 나름의 방법을 갖고 있으면 이후 과정을 불안해하는 일은 줄어듭니다.

모든 것을 내려놓기

당신이 가진 모든 것을 내려놓고 내 안의 창의적 자아와 만나기를 바랍니다. 모든 것을 내려놓으라는 말은 망설임, 의심, 자기비하, 성가시게 하는 일, 자신과 자신이 하는 일이 무의미하다는 생각을 완전히 떨쳐버리라는 것입니다. 이것은 마치 아이가 다친 것을 보면 어머니가 모든 것을 내던지고 아이를 돌보는 것과 같습니다. 모든 것을 내려놓으라는 말의 의미를 느꼈다면, 지금 바로 실천하세요. 모든 것을 내려놓고 당장 글을 쓰세요. 당장 그림을 그리세요. 노래를 부르거나 무용을 할 수도 있겠지요. 지금 바로 당신이 간절히 원하는 그것을 시작하세요.

내 성격의 한계를 뛰어넘는다

제가 쓴 책으로 상을 받게 되었습니다. 시상식 참석차 뉴욕을 방문했습니다. 뉴욕에서 나고 자란 저는 뉴욕을 좋아하지만 요즘은 아주 가끔 들릅니다. 이스트 빌리지에 있는 출판 에이전트의 사무실에서 미팅을 끝내고 워싱턴 스퀘어 공원 쪽으로 발길을 돌렸습니다. 날씨가 흐리고 추웠습니다. 전날 눈이 와서 길이 질퍽거렸지만 곧 캘리포니아로 돌아간다고 생각하니 그런 날씨마저 사랑스럽게 느껴졌습니다. 사람들은 매서운 바람을 피해 옷을 두껍게 껴입고 있었습니다. 워싱턴 스퀘어 공원에 있던 다른 사람들은 몸을 녹이기 위해 쓰레기통에 불을 피웠습니다.

작가처럼 보이는 남자가 제 쪽으로 다가왔습니다. 그는 저와 나이가 비슷해 보였고 머리카락이 매우 길었으며, 옷매무새는 별로 단정하지 않았습니다. 종이 몇 장과 필기도구가 들어갈 만한 작은 서류가방을 들고 있었습니다. 그는 종이로 포장된 치즈 스테이크를 게걸스럽게 먹고 있었는데 스테이크를 입에 넣을 때마다 피망이며 양파가 떨어졌습니다. 바로 그때, 그의 머릿속에 뭔가가 스쳐갔음을 알 수 있었습니다. 그는 샌드위치가 들어 있던 종이봉투를 젖은 벤치 위에 깔고 앉은 뒤 가방을 열었습니다. 음식을 먹던 손을 바지에 쓱쓱 닦고 나서 뭔가를 쓰기 시작했습니다. 저는 그가 마음에 들었습니다. 저 역시 좋은 아이디어가 갑자기 떠오른다면 음식을 게걸스럽게 먹다가도 더러워진 손을 옷에 닦은 뒤 글을 쓸 테니까요. 지저분한 것, 관습, 형식, 품위에 아랑곳하지 않는 태도는 창작 작업에 몰두하는 사람들의 특징입니다. 그들은 손에 쥔 것보다 마음속에 있는 것을 훨씬 더 중요하게 여깁니다. 차디찬 바람이 불어도 창작하는 사람들은 그것을 무시할 수 있습니다. 벤치가 젖어 있어서 바지가 젖지 않으려면 종이를 깔고 앉아야 한다는 것을 먼저 떠올리기는 했지만, 창작하는 사람에게 진정 중요한 것은 뇌리에 번쩍하고 스친 새롭고 기발한 아이디어를 놓치지 않는 것입니다.

까다로운 예술가들이 있습니다. 다림질이 잘된 양복을 입고 글을 쓰는 작가나 중요한 포인트를 놓치지 않으려고 미술의 세밀한 부분까지 노트에 꼼꼼하게 정리하는 예술가도 있습니다. 청결과 보헤미안의 지저분함 또는 정리정돈과 어지러움의 차이를 말하려는 것이 아닙니다. 자기 아이디어를 다른 무엇보다 중요하게 여기느냐 아니냐 하는 것의 차이를 말하고 싶은 겁니다.[06]

창작을 향한 충동과 열정에 이끌려 하던 일을 멈춰야만 하는 것이 거북하게 느껴지는 작가 지망생은 소중한 아이디어를 놓쳐버리고도 "흥미로운 생각이긴 하지만 어쩔 수 없지"라고 중얼거릴 겁니다. 하지만 적극적인 자세로 창작에 몰두하는 작가라면 "빌어먹을! 종이가 어디 있는 거야!"라고 소리칠 겁니다. 일상 속에서 문득 아이디어가 떠올랐을 때 창작 작업을 바로 시작하든지 아니면 아이디어를 그냥 날려버리든지, 둘 중 하나죠.

제가 해리를 만났을 때 그는 쉰여덟 살이었습니다. 그는 자신의 재능이 거의 쓸모가 없는 직장에서 30년 동안 일했습니다. 동료보다 똑똑하고 지식도 풍부했습니다. 그는 클래식 음악을 좋아하

06
즉흥적으로 떠오른 생각을 글로 쓰고 작곡하는 것처럼 아이디어를 행동으로 바로 옮기는 것은 자신의 아이디어를 소중히 여긴다는 것을 잘 보여주는 태도입니다.

고 영화광이지만 시나리오를 쓰고 싶다는 꿈을 이뤄보려고 시도한 적이 없었습니다. 플롯, 페이싱, 드라마틱한 전개, 소설 속 영웅의 여정, 주인공 캐릭터의 전개 등 시나리오 작업에 필요한 거의 모든 이론을 잘 알았고, 시나리오 아이디어도 많이 갖고 있었지만 시나리오를 쓰려는 시도는 한 번도 하지 않았습니다.

그는 심란해진 경험 때문에 저를 찾아왔습니다. 우연히 유명한 극작가와 함께 자선 이벤트 파티에 참석했을 때의 일이라고 했습니다. 극작가와 함께 해리가 하루 종일 이야기할 수 있는 주제인 모차르트와 베토벤의 예술 재능과 그들의 작품에 관해 대화를 나눴습니다. 대화를 하면서 치킨 윙을 손으로 집어 먹던 극작가가 불현듯 아이디어가 떠오르자 냅킨으로 손을 닦지도 않은 채 비싼 바지에 손을 쓱 문지른 후 아이디어를 종이에 휘갈겨 쓰기 시작했습니다. 극작가의 행동을 보고 해리는 혼란스러워졌다고 했습니다.

해리는 극작가와 치킨 윙, 그리고 그날 있었던 일들을 곰곰이 생각했습니다. 그리고는 저를 찾아왔습니다. 그는 자신의 까다로운 성격을 궁금해 했습니다. 순간적으로 떠오른 아이디어를 적는 것보다 청결하고 단정한 것이 더 중요하다는 것을 도대체 어디서 배웠을까? 왜 지저분한 것을 경멸할까? 극작가의 열정적인 행동을 싫어하면서도 해리는 필사적으로 극작가를 닮고 싶었던 겁니다.

해리를 위해 제가 무엇을 했을까요? 쉽게 추측할 수 있을 겁니다. 저는 해리에게 치킨 윙을 대접했고, 그것을 손에 들고 먹게 했습니다. 지저분해진 손을 바지에 문질러 닦도록 했습니다. 그는 그런 행동을 싫어하면서도 즐겼습니다. 그날 어떤 드라마가 펼쳐졌을까요? 해리가 저의 행동을 모델링할 수 있도록 저는 먹고 닦고 쓰고, 또 다시 먹고 닦고 쓰고…… 이 과정을 반복했습니다. 해리도 먹고 손을 아무렇게나 닦기 힘들어했지만 닦았고, 글을 쓰기 힘들어했지만 썼습니다. 해리는 두려움과 용기 사이에서 전쟁을 치러야 했고, 좋은 습관이지만 나쁘다고 생각했던 것과 나쁜 습관이지만 좋다고 여겼던 것 사이를 왔다 갔다 하며 즐겼습니다. 해리는 더 깨끗하고 더 좋은 상황이 오기를 기다리며 창작을 미루는 것과 창작 열정이 떠오르는 순간을 놓치지 않고 작업에 몰두하는 것 사이에서 고군분투했습니다.

용기와 두려움을 사이에 두고 벌어진 치킨 윙 전투에서 용기가 완전히 승리하지는 못했습니다. 하지만 두려움이 이겼다고 말할 수도 없습니다. 며칠 후 해리는 펠릭스 멘델스존[07]과 뛰어난 연주자였지만 펠릭스에게 가린 그의 누나 파니에 관한 시나리오를 쓰기 시작했습니다.

시나리오에서 표면적으로 드러나는 악역은 남매의 아버지입니다. 아버지는 펠릭스에게 천부적인 재능을 펼칠 수 있도록 지원했지만 파니에게는 손님 대접을 위한 연주만 시켰습니다. 그런데 시나리오에서 진짜 악역은 누나를 사랑하고 필요로 했지만 실제로는 누나를 이용한 펠릭스 멘델스존입니다. 누나에게 끝없이 물질적·정신적으로 지지를 받았지만 한 번도 누나가 음악 재능을 펼칠 수 있도록 도와주지는 않았으니까요.

해리는 두 달 동안 시나리오를 썼습니다. 이 시간 동안 간간히 대본의 한 구절, 카메라 연출의 한 부분씩을 조금씩 써 나갔습니다.

07. 펠릭스 멘델스존
독일의 작곡가, 지휘자, 피아니스트. 아버지는 독일계 은행가였고, 할아버지는 유명한 계몽주의 철학자였다. 교양 있는 어머니와 평생 두터운 애정을 주고받은 누이 파니에게 둘러싸여 어린 시절을 보냈다하지만 그 후로 집필을 완전히 그만뒀습니다. 해리는 자신이 왜 글쓰기를 그만뒀는지 설명하지 못했습니다. 해리는 멘델스존 가의 가족보다 그 가족에 관해 더 잘 알았고, 펠릭스와 파니에 관한 자료는 모조리 다 읽었습니다. 그리고 이 남매가 그려내는 세계가 어땠는지, 음악이 어떠했는지, 그들이 어떤 차를 마셨는지, 어떤 전염병이 그들의 생명을 앗아갔는지……. 그들에 관한 모든 것을 알았지만 글을 쓸 수 없었습니다.

"꽉 막혔어요."

해리는 이메일로 다음 상담 시간을 정하면서 이렇게 덧붙였습니다.

"며칠간 여행을 다녀올 계획입니다. 그 후에 상담을 했으면 좋겠습니다."

며칠 뒤, 저와 해리는 카페에서 만났습니다.

"어머니를 뵈러 집에 다녀왔어요. 어머니는 여든 살이십니다. 예전부터 살던 집에서 어머니와 저는 부엌에 함께 앉아 있곤 했죠. 어린 시절이 아직도 뇌리에 선명하게 남아 있어요. 붉고 하얀색의 애나멜 식탁이 있었어요. 저는 무척 싫어했지만, 어머니와 저는 보통 거실에서 격식을 갖춰 저녁식사를 했습니다. 방과 후에는 식탁에 앉아 어머니가 갓 구운 쿠키를 먹곤 했죠. 부엌 창살에 햇빛이 쏟아지는 토마스 킨케이드[08]의 그림 〈방과 후의 축복(After School Blessing)〉에 나오는 광경처럼 저의 어린 시절이 추억으로 남아 있다고 생각하겠죠. 그런데 전혀 아니에요."

해리는 머리를 가로저으며 이야기를 이어 나갔습니다.

"어머니는 제가 과자 부스러기를 떨어뜨리자마자 곧바로 치우셨

08. 토마스 킨케이드
미국 화가. 밝은 톤의 풍부한 파스텔컬러를 이용한 페인팅 스타일을 주로 활용했다.

어요. '청결한 것은 하느님의 뜻이다'가 어머니의 좌우명이었어요. 이 좌우명 때문에 저는 겁에 질렸습니다. 불결한 것을 찾아다니는 마녀의 악몽을 꾸기도 했죠. 모든 것을 청결과 불결로 구분했어요. 양말 서랍이 완벽하게 정리되어 있어야 했죠. 보통 사람들보다 훨씬 더 자주 양치를 하는 것도 마찬가지 이유에서입니다. 더 깨끗할 수 없을 만큼 완벽한데도. 제가 뭘 더 할 수 있었겠어요?"

결벽증을 없애기 위해 해리에게 더 많이 어지른 뒤 그대로 내버려두라고 권유할 수는 없었습니다. 이런 행동적인 접근보다 더 근본적인 치료가 필요했습니다. 어쩌면 마법사에게 해리의 결벽증을 없애달라고 부탁하는 편이 나을지도 모르겠다는 생각이 들었습니다.

해리의 머릿속에는 펠릭스와 파니가 늘 남아 있었습니다. 만약 그의 머릿속에서 남매가 대화를 나누고 서로에게 연민을 느끼며 살도록 그냥 내버려두었다면 시나리오를 계속 쓸 수 있었을 겁니다. 내버려두는 것이 시나리오를 쓰게 하는 길이었을 겁니다. 하지만 해리는 내버려두는 대신 모든 잠재적 위험 요인을 살피고 감시하면서 아예 실패할 가능성이 있다면 시도조차 하지 않았습니다. 그의 성격 형성에 영향을 미친 과거가 창작을 방해했습니다. 그게 끝이었습니다. 그는 미완성된 시나리오를 내팽개쳤습니다. 퇴직한 후에는 수많은 영화를 봤고 클래식 음악을 감상했습니다. 하지만 그게 전부였습니다. 그리스의 소설가 니코스 카잔차키스는 자신의 묘비명을 직접 썼습니다.

"아무것도 희망하지 않는다. 아무것도 두려워하지 않는다. 나는 자유다."

이것은 매우 원대한 목표입니다. 아무것도 희망하지 않는 것! 아무것도 두려워하지 않는 것! 완벽한 자유를 성취하는 것! 저처럼 평범한 사람에게는 너무나도 높은 목표입니다. 그것보다는 현실에서 아무것도 개의치 않고 아무 데나 쓱 손을 닦은 뒤 과감하게 글을 쓸 수 있는 용기를 갖는 것만 해도 충분히 훌륭한 목표입니다. 삶의 한가운데서 온갖 고난과 위기를 겪으며, 거미줄처럼 달라붙어 있는 자신의 성격을 뛰어넘어 창의적 활동을 할 수 있는 것만 해도 충분히 훌륭한 목표입니다.

상상은 창조의 시작이다.
바라는 것을 상상하고 상상한 것을 소원하자. 마침내 상상한 것에 창조력이 깃든다.

– 조지 버나드 쇼

Self-Coaching 10

1. 간혹 중요하지 않은 일들에 휩싸일 때가 있습니다. 사소한 일 때문에 중요한 일이 방해가 되는 것은 안타까운 일입니다. 당신의 창의적 활동을 가로막고 있는 것은 무엇인가요?

㉡ 스마트폰을 자주 들여다본다.

창의적 활동을 방해하는 것들 5

①

②

③

④

⑤

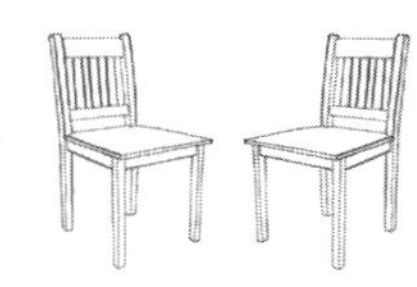

2. 창의적인 활동은 조건부가 아닙니다. 특정한 환경이나 조건에서만 창의적 활동이 가능하다면, 작은 위기에도 쉽게 중단하게 됩니다. 이럴 때 나만의 창의적인 환경을 만들어놓아야 합니다. 1번에서 정리한 창의적 활동을 방해하는 것을 어떻게 하면 개선할 수 있을지를 생각해봅시다.

㊎ 스마트폰을 확인하는 행동을 하루 5번 이내로 제한한다.

창의적 활동을 개선하는 방법 5

①

②

③

④

⑤

Passionately making meaning

Week 11
삶의 가치를 만들 것

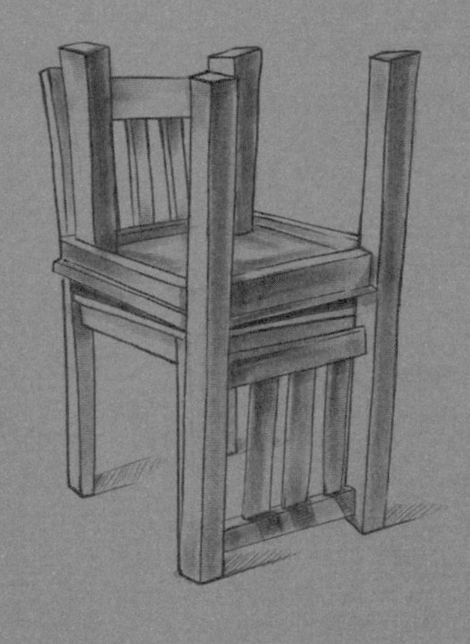

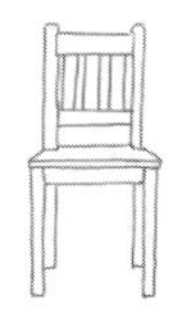

이번에 들려드릴 주제는 '열정적으로 삶의 의미 만들기'입니다. 여기에는 총 5가지 마인드 스킬이 필요합니다. 첫 번째는 삶을 어떻게 이끌어갈지를 결정하는 것입니다. 자기 인생을 소중하게 여기고 스스로 판단하며 살겠다고 결심하는 것이지요. 이렇게 결단하고 나면 주위에서 당신을 지지해주는 사람은 매우 적을 것입니다. 독립적인 인생보다 톱니바퀴의 부품처럼 사는 것이 더 쉬울 수 있습니다. 자기주장이 강한 사람보다 다른 사람과 어울려 지내는 사람이 더 많은 지지를 얻을 수 있습니다.

그렇더라도 당신은 흔들리지 말아야 합니다. 자기 목소리를 높이고 독립적으로 살아야 합니다. 잠재력을 발휘하고 창의적인 작품을 만들기 위해서 소중히 간직한 아이디어에 불을 피워야 합니다. 인생에서 무엇이 소중한지 결정해야 하며, 창의적이고 활력 있는 삶을 살겠다고 결심해야 합니다.

열정적으로 삶의 의미 만들기

우리는 자신의 삶을 의미 있게 만들어가야 합니다. 적어도 자기 자신에게만큼은 의미 있는 삶을 살겠다는 결단을 해야 한다는 뜻입니다. 당신의 삶이 우주만큼 중요하다거나, 당신의 노력이 산을 옮겨놓을 수 있다고 생각하라는 뜻이 아닙니다. 의미 있는 삶을 살겠다는 것은, 자신의 고유한 가치를 받아들이고 그것을 추구하겠다고 선포하는 것입니다. 이것이 바로 '열정적으로 의미 만들기'의 두 번째 단계입니다. 당신의 삶에서 추구하고자 하는 소중한 것이 무엇인지를 결정하고 다음과 같이 선언하세요.

"세상이 무엇을 원하든 상관없이,
내가 성공할 가능성이 높든 낮든 상관없이,
나는 내가 소중하게 여기는 의미를
계속 추구할 것이다." [01]

01
이 말은 누구에게도 의지하지 않고 "삶의 의미는 내가 만들어야 한다"는 의미입니다. 즉 내 삶의 고유한 의미를 나 스스로 어떻게 만들어갈지를 결정하겠다는 것입니다.

우리는 "내 인생의 목적이 무엇인가?"를 물어야 합니다. 인생의 목적과 조화를 이루며 스스로 적극적으로 의미를 만들려고 한다면 인생의 목적을 정확히 인식하고 말로 표현하고 항상 상기하면서 진정으로 그것을 믿고 있다고 확신해야 합니다. "내 인생의 목적이 무엇인가?"라는 물음에 답하기 위해서는 당신이 살아가는 진정한 이유와 인생에서의 역할을 발견해야 하며, 그것을 분명하게 인식하고 있어야 합니다. 사회의 부당함에 맞서기 위해서, 더 나은 삶을 살기 위해서, 아름다움을 추구하기 위해서, 봉사하고 선행을 베풀기 위해서 같은 것이 인생의 목적이 될 수 있습니다. 이런 것들은 인생의 목적으로 충분히 화려하고 원대합니다. 하지만 인생의 목적을 하나로 제한하는 것은 충분하지 않습니다. 예를 들어 사회 부조리와의 싸움을 인생의 목적으로 삼았다고 가정해봅시다. 이 목적만 추구하며 살 수 있을까요? 그렇지 않습니다. 마음속에 인생의 목적을 몇 가지 더 간직한 사람들이 훨씬 활기차게 인생을 살아갈 수 있습니다. 우리가 나열하는 인생의 목적들은 서로 빈틈없이 조화를 이루고, 이런 것들이 모여서 하나의 견고한 구성체가 됩니다. 전형적으로 언급되는 인생의 목적은 다음과 같은 6가지 요소들을 포함하고 있어야 합니다.

- 자신만의 고유한 재능, 능력, 그리고 열정을 사용하는 것
- 매사에 자신의 모든 것을 쏟아 붓는 것
- 인생의 중요한 가치들을 존중하는 것
- 진정으로 만족하는 것
- 의미 있는 일에 최선을 다하는 것
- 사랑하는 사람과의 관계에 최선을 다하는 것

이 요소들을 가지고 인생의 목적을 구현하는 선언문을 만들어보세요. 예를 들면 "일과 사랑을 통해 인생에서 진정한 만족감을 얻는 동시에 진실과 소중한 가치들을 섬기며 매순간 최선을 다한다"와 같은 표현도 가능하겠죠. 이처럼 인생을 멋있게 장식하며 살 수 있도록 이끌어주는 견고한 선언문이 필요합니다. 당신에게 잘 어울리는 인생의 목적을 찾고, 그것을 잘 표현해주는 당신만

의 선언문을 만들어 새기시길 권합니다.

목적이 있는 삶

세 번째 단계는 '인생의 목적 표현하기'입니다. 가슴속에 소중하게 숨겨둔 인생의 목적을 이해해야만 어떻게 행동해야 하는지, 어떤 창의적인 작업에 매진해야 하는지 알게 됩니다. 살아가는 동안 계획하고 실행으로 옮긴 모든 것이 인생의 목적과 연결되어야 합니다. 당신이 내린 모든 결정과 행동이 인생의 목적에 부합해야 합니다.

이제 네 번째 단계로 넘어갑니다. 당신이 가진 인생의 목적을 이루어내고자 하는 강한 의지가 필요합니다. 이것은 삶의 의미를 만들어가려는 노력을 가슴 속에 굳게 간직하는 것이기도 합니다. 바로 '인생의 목적을 이루려는 의지(Holding the intention to fulfill your life purposes)'입니다. 어떻게 해야 의도하는 대로 살 수 있을까요? 어떻게 하면 이런 마음을 잊지 않고 살 수 있을까요? 일상에 쫓겨 이전 습관으로 돌아갈 때마다 이런 마음가짐을 되새기려면 어떻게 해야 할까요?

손에 쥐었을 때 딱 맞는 부드러운 돌 하나를 손바닥에 올려놓고 주먹을 꼭 쥐어보세요. 손에 쥔 채로 앞에서 작성한 당신만의 인생 선언문을 말해봅니다. 한 번 더 돌을 부드럽게 쥐면서 인생 선언문을 다시 읊조립니다. 이 과정을 원하는 만큼 반복합니다.

돌을 하루 종일 쥐고 있어 보세요. 그러면서 손에 돌이 있다는 것을 인식할 때마다 인생 선언문을 읊조려봅니다. 하루 중 대부분의 시간 동안 자신이 손에 돌을 쥐고 있다는 것을 잊고 지낼 겁니다. 그렇지만 의식하지 않더라도, 자신이 쥐고 있는 돌과 인생의 목적을 둘 다 한순간도 잊지 않게 될 것입니다. 손에서 돌을 놓지 않을수록 인생의 목적은 당신의 마음속에 더 깊이 각인될 것입니다. 물론 손에 돌을 계속 쥐고 있으면 손이 저리고 땀이 나서 돌을 내려놓아야 할지도 모릅니다. 그러나 그럴 때에도 마음속으로 혹은 조용히 인생의 목적을 읊조려봅니다. 이것은 피곤하거나 속상할 때, 집중력이 떨어질 때, 화가 날 때나 마음가짐이 최상의 상태가 아닐 때도 인생의 목적을 잊지 않도록 도와줄 것입니다. 잠들 때도 베개 밑에 돌을 두었다가 아침에 일어나 다시 손에 쥡니다.[02]

다섯 번째 단계는 '열정적으로 행동하기'입니다. 사람들은 삶에서 절대적으로 중요한 무언가에 최선을 다하는 것을 당연하게 여깁니다. 그렇지만 현실은 그렇지 않죠. 실제로는 열정적으로 사는 사람이 아주 드뭅니다. 대부분은 매일 반복되는 일과 자신에게 주어진 책임, 그리고 자신의 성격에 이끌려 그럭저럭 적당히 살아갈 뿐입니다. 때때로 위기가 닥치면 삶의 환희도 느끼기는커녕, 우울증에 빠져들고 맙니다. 어떤 일에 열정을 쏟아 붓기 위해서는 '그' 일에 대한 확신이 필요합니다.

열정을 쏟아 부어야 할 때 왜 위험도 함께 감수해야 할까요? 사람들은 열정을 드러내야 할 때나 심지어 열정이 느껴질 때조차 그것을 숨기도록 훈련받아 왔습니다. 만족할 수 없는 삶에 안주해버리거나 또는 모험으로 가득 찬 인생보다는 안전하다고 느끼는 일상에 만족해버립니다. 열정에는 용기가 따르는 법이라고 막연

02
갑자기 마음가짐을 새롭게 해야 할 상황에 대비해서 항상 주머니에 돌 하나를 지니고 있는 것은 괜찮은 방법입니다.

하게 생각하면서도 진지하게 생각해보지 않은 채 자신은 용기가 없다고 쉽게 말해버립니다.

사람들은 열정과 광기가 서로 밀접하게 연결되어 있다는 사실을 두려워합니다. 베토벤은 열정적이었지만 그의 삶은 늘 광기에 휩싸여 있었고 혼란스러웠습니다. 고흐[03] 역시 열정적이었지만 우울증을 앓았고, 끝내 자살로 생을 마감했습니다. 보통 사람들은 위대한 예술가의 고집스럽고 자기중심적이며 영웅적이기는 하지만 광기 어린 열정을 바라보며 생각합니다,

"어휴, 나는 그렇지 않아. 그렇게는 못 살아."

하지만 당신은 그렇게 살 수 있습니다. 비록 베토벤이나 고흐보다는 덜 드라마틱하겠지만, 당신도 열정적이어야만 합니다. 그리고 당신의 열정을 더 고양시킬 방법을 찾아야 합니다. 열정을 키우는 당신만의 방법을 찾는 것이 중요합니다. 열정은 인생의 의미를 만드는 원동력입니다. 열정 없는 삶은 휘발유 없는 자동차와 같습니다. 이제 앞에서 살펴본 5단계를 복습해보겠습니다.

03. 고흐
네덜란드 출신의 프랑스 화가, 고갱과의 공동생활 중 병의 발작으로 자기의 왼쪽 귀를 잘라 정신병원에 입원하기도 했다. 1890년, 파리 근교에서 권총으로 자살했다.

1단계 : 인생의 의미를 찾겠다고 결심한다.

2단계 : 인생에서 의미를 만들어가야 한다는 것을 받아들인다.

3단계 : 인생의 목적을 찾고, 이것을 문장으로 표현한다.

4단계 : 인생의 목적을 실현시키려는 마음가짐을 깊이 간직한다.

5단계 : 인생의 목적을 실현하기 위해 열정적으로 행동한다.

위 5단계는 열정적으로 삶의 의미를 만들어가기 위한 지침입니다. 우울증으로부터, 삶이 의미 없다는 느낌으로부터, 그리고 실

존적인 절망으로부터 당신을 구출해내기 위해서는 의미를 느낄 수 있는 삶의 방식을 따라야 하며, 의미 있는 프로젝트에 자기 자신을 던져 넣어야 합니다. 이 과정에서 만나게 되는 장애물을 처리해 나가면서 삶을 사랑하는 방법을 배워야 합니다.

물론 한꺼번에 배우기는 어렵습니다. 그러나 이 5단계는 빈틈없이 하나로 연결됩니다. 비록 과정은 험난하지만 창의적이면서도 올바른 길에 해당합니다. 높은 곳에 오르려는 삶의 여행자는 인생의 목적과 일치하고 자신의 이상과도 부합하는 의미를 만들려고 노력합니다. 개인이 선택한 삶의 모습은 그가 벽돌공이든 제빵사든 작곡가든 자신의 삶 속에서 가치를 어떻게 구현할 것인지에 대한 이해가 반영된 결과일 것입니다.

'어떻게 살아갈 것인가.' 이 질문을 거쳐 발견한 가치를 삶에서 구현하는 것이 우리의 임무입니다. 당신이 소중하게 여기는 가치가 당신의 삶을 이끕니다. 삶에서 만들어낸 의미들이 당신을 지탱해줄 것입니다.[04]

04
삶의 의미는 우연히 발견되는 것이 아닙니다. 삶의 의미를 잃었을 때, 그것을 회복할 책임도 자기 자신에게 있습니다.

의미 있는 삶을 위해 노력한다

지금부터 들려드리는 이야기는 한 시나리오 작가가 할리우드에서 어떻게 삶의 의미를 회복해 나갔는지에 관한 것입니다.

5월의 화창한 화요일 오후, 괴로움을 호소하는 시나리오 작가를 만났습니다. 그녀는 아카데미상을 받은 경력도 있었습니다. 영화 제작이 끝났을 때, 그녀가 쓴 시나리오에 그녀에게 중요한 의미가 있는 대사 딱 한 구절만 남아 있었다고 분통을 터트렸습니다. 그녀의 시나리오에서 많은 부분이 희석되고 바뀌고 잘려 나가고 편집돼버려 단지 평범하고 익숙한 '무엇인가'가 돼버렸다고 했습니다. 미국 중산층을 위한 평범하고 예쁘게 포장된 것들만 남아 있었다고 합니다. 그녀의 시나리오는 위선적인 신앙심과 숭배의식에 대한 증오를 담은 것이었습니다. 그러나 영화화되었을 때는 본래 의도와 달리 러브 스토리, 모험 영화 그리고 서스펜스 스릴러만 있었습니다. 호화판 프로덕션의 진가가 유감없이 발휘된 배경음악과 유명 배우의 뛰어난 연기력이 가미된 전형적인 할리우드 영화로 완성되었던 것이죠. 그녀는 이 모든 것을 혐오했습니다.

이후 그녀는 영화가 아닌 연극 대본을 쓰고 싶어 했고, 독립영화를 연출해보고 싶어 했습니다. 그러나 눈앞에 보이는 돈의 유혹을 거부할 수 없었고, 할리우드 스타일로 시나리오를 수정하거나 아예 할리우드식으로 고쳐 쓰게 되었습니다. 이렇게 살아가는 동안 그녀의 의도보다 훨씬 가벼운 영화가 돼버렸지만 흥행에는 크게 성공하기도 했습니다. 그러면서 여전히 그녀는 스스로를 할리우드 작가라고 불렀습니다. 그러나 이제는 참을 수 없는 지경이 되었습니다. 그녀는 호화롭게 살면서도 초조해했으며, 그래서 우울한 느낌에 시달렸습니다.

그녀는 진정으로 쓰고 싶은 시나리오에 관해 이야기했습니다. 제2차 세계대전 중에 덴마크 레지스탕스의 메신저로 활동한 덴마크 소년단의 실제 이야기를 바탕으로 한 시나리오였습니다. 소년들은 덴마크의 연합국 측 스파이들과 레지스탕스의 본거지 사이를 자전거로, 스키로 오가며, 때로는 뛰고 걸으며 메시지를 전달합니다. 최근에 25퍼센트 정도 완성했다고 했습니다. 그녀는 줄거리는 그대로 둔 채 덴마크가 아닌 프랑스를 배경으로 이야기를 고쳐 쓰고 싶어 했습니다. 왜냐하면 천주교를 배경 이야기에 포함하고 싶었고, 무엇보다 프랑스를 무대로 하는 영화를 만드는 것이 그녀의 꿈이었기 때문입니다.

시나리오의 주인공은 침공당한 프랑스 지역에서 독일군에 점령당하지 않은 프랑스 지역으로 중요한 메시지를 전달하는 임무를 맡은 열네 살 소년, 미셸입니다. 이런 영화에 사랑, 모험, 서스펜스, 배신이나 음모 등의 요소가 포함되리라는 것은 얼마든지 예상할 수 있습니다. 다만 그녀는 이번 시나리오에서 제2차 세계대전 당시 천주교가 나치와 연루된 전쟁 공모자임을 고발하고 싶어 했고, 게다가 비극적인 결말을 바랐습니다. 그녀의 의도대로라면 주인공을 포함한 모든 소년은 나치에게 고문당해 죽게 됩니다. 전형적인 할리우드식의 엔딩은 아니지요. 그나마 다행이라면 주인공이 전달해야 했던 비밀 메시지가 연합군의 손에 들어가는 것으로 끝이 나 관객들은 어느 정도 만족할 수 있습니다.

그녀는 시나리오에 대해 이렇게 말했습니다.

"할리우드 영화의 전형적인 엔딩이라면 비밀 메시지는 무사히 전달되고, 주인공 소년은 아름답고도 감동적으로 죽겠죠. 소년의 죽음이 미화되어 관객들에게 비통함과 함께 환희도 함께 전달되겠지요. 하지만 제 시나리오는 달라요. 비밀 메시지가 전달된 후에도 영화는 5분간 계속됩니다. 미셸은 고문을 참지 못하고 메신저로 활동하는 다른 소년들의 이름들을 다 실토합니다. 다른 소년들도 차례로 고문을 당해 죽게 되죠. 마지막 장면에서 제가 보여주고 싶은 고문 장면은 관객들이 익숙하게 아는 흔한 장면이 아니에요. 제 시나리오에는 '정어리 캔 괴물'이라고 불리는 고문 기술자가 등장합니다. 정어리 캔의 뚜껑을 따듯이 고문당하는 사람의 등 껍질을 벗기는 고문 기술 때문에 붙은 별명이죠."

그녀는 조금 망설이는 듯하더니 다시 말을 이었습니다.

"저는 이 마지막 장면을 보고 관객들이 구토할 정도라고 느끼기를 원해요."

그녀의 시나리오를 영화화하려면 막대한 제작비가 들 것 같았습니다. 그녀가 예술영화를 추구하는 유럽의 제작자로부터 투자를 받는다면 자신의 의도대로 영화를 만들 수 있겠지만, 그것은 그녀의 능력 밖의 일인 것 같았습니다. 만약 유럽의 제작자들이 그녀의 작품에 투자를 하지 않는다면 이 영화를 할리우드의 입맛에 맞추어 수정해야 하는데, 그때는 그녀가 진정으로 보여주고 싶어 하는 중요한 부분들을 대부분 덜어내야 하는 것을 그녀도 잘 알고 있었습니다. 그녀는 미화된 홀로코스트[05] 영화를 원하지 않았습니다. 그녀는 어떻게 해야 할지 갈피를 잡지 못했고, 그래서 한 발짝도 앞으로 나아갈 수 없는 상황이었습니다. 그녀는 자신이 구상한 대로 영화를 제작할 수 없을 것 같다고 느껴 시나리오를 더는 쓸 수 없었습니다. 그대로 멈추어 서버린 것이죠. 그녀는 절망하고 우울해했습니다. 제가 그녀에게 물었습니다.

"주인공 미셸은 자신의 삶을 치열하게 살아가나요?"

"당연하죠."

"미셸은 소명을 가지고 살아가죠?"

05. 홀로코스트
제2차세계대전(1939년-1945년) 중 나치스 독일에 의해 자행된 유대인 대학살.

"그렇죠."

"세계의 평화는 사실상 그 소년에게 달려 있다고 말할 수도 있겠죠?"

"충분히 그렇게 볼 수 있죠."

"당신도 미셸처럼 소명을 가지고 치열하게 살기를 원하나요?"

"물론이죠. 그렇지만 저는 적진을 뚫고 전달할 메시지를 가지고 있지는 않아요."

"당신은 정말 절실하게 전달하고 싶어 하는 메시지를 가지고 있나요?"

그녀는 저를 뚫어지게 쳐다보았습니다.

"그것 참 이상하네요. 물론 저는 영화를 통해 뭔가를 전달하고 싶어요. 단순히 공허한 수사가 아니라, 저는 제 영화가 세상을 구원하는 데 기여할 수 있다고 믿어요. 실제로 세상이 변화하는 데 영향을 줄 수 있다고 생각해요. 그리고 제가 전하고 싶은 메시지도 적진을 뚫고 세상 속으로 전달되어야 하겠지요. 맞아요, 저는 이런 소명을 갖고 있어요."

그녀는 잠시 쉬었다가 다시 말을 이어갔습니다.

"아니, 저는 반드시 그렇게 해야만 해요."

다시 생각에 잠겼다가 말했습니다.

"제 영화를 제작하려면 유럽으로 가는 루트를 뚫어야 해요. 다음 달에 스페인에서 시나리오 작가를 위한 워크숍에서 강의할 예정이에요. 유럽의 영화 스튜디오에서 일하는 많은 사람이 제 강의를 들을 예정이죠."

"기분이 어때요?"

"겁나요. 차라리 제가 영화 속의 미셸이 되는 것이 나을 것 같아요. 제가 만든 영화를 팔려고 이리저리 뛰어다니는 것보다 상처 입고 굶주려도 숲속에 숨어 지내는 게 차라리 마음이 편할 것 같기도 해요. 이렇게 말하면 미쳤다고 하겠지만, 이게 제 솔직한 심정이에요."

"미셸은 극한의 상황에서 자신이 추구해야 하는 소명과 자신이 따라가야 하는 길을 명확하게 인식했어요. 당신도 마찬가지 아닐까요? 전화를 걸어서 이야기 나눌 곳이 있고, 전자메일을 보내고, 시나리오를 영화화하기 위해서 도움을 요청해볼 곳이 있잖아요. 미셸은 말 그대로 끔찍한 모험 상황에 있었죠. 당신은 당신의 시나리오를 팔아야 해요. 차를 팔고, 화장품을 파는 것처럼 당신은 세일즈 우먼이 되어야 해요. 당신의 임무는 미셸의 임무보다 위험하진 않지만 좀 지루하겠죠. 당신에게 가장 필요한 것은 세일즈예요, 세일즈!"

"아무도 사려고 하지 않는 것을 팔아야 하는 세일즈죠."

"그렇죠."

"사람을 진 빠지게 만들겠죠."

"그렇죠."

"차라리 내가 미셸이 되는 게 나을 것 같네요."

저는 그녀에게 말했습니다.

"당신의 상황을 곰곰이 생각해본 뒤 내일 다시 만나죠."

그날 오후에도 저는 크리스천 시나리오 작가들을 대상으로 강의를 했습니다. 저는 창조성에 관해 강의했지만, 이 컨퍼런스 자체는 창조성보다는 마케팅에 관한 것이었습니다. 참가한 작가들은 자신이 전달하고자 하는 메시지를 할리우드 스타일과 성공적으로 융합하는 방법에 관해 더 알고 싶어 했습니다. 컨퍼런스의 기조연설자는 참가한 작가들에게 관객들이 기대하는 것과 대중의 욕망과 심리에 관한 깊이 있는 이해가 필요하다고 역설했습니다. 기조연설자는 이렇게 말했습니다.

"만약 당신이 할리우드 영화제작자와 같이 영화를 만들고 싶다면, 설교하지 마라, 관객을 지루하게 만들지 마라, 메시지를 너무 노골적으로 드러내지 마라, 전달하고자 하는 메시지를 시나리오의 이야기 속에 녹여내라, 메시지 전달은 최소화하고 이야기, 러브스토리를 훨씬 많이 넣어라, 메시지보다는 할리우드식으로."

다음 날, 내담자를 다시 만났습니다. 상담 후 그녀는 회의 참석차 UCLA로 가야만 해서 우리는 웨스트우드에서 만났습니다. 그녀가 말문을 열었습니다.

"저는 미셸처럼 살고 싶어요. 완전히 미셸과 똑같이 살지는 못하겠지만 그가 가슴속에 품었던 그런 감정을 가지고 살고 싶어요. 비밀 메시지를 전달하기 위해 적진을 뚫고 프랑스를 횡단할 때 그가 가슴속에 품었던 그런 감정 말이에요. 비록 저는 영화제작자와 미팅을 주선하고 대본을 수정하는 일을 하지만, 가슴속에서만큼은 미셸처럼 진정한 소명을 갖고 있다고 느끼며 살고 싶어요. 할리우드 시스템이 바라는 대로 따라가는 것이 아니라, 내가 어떤 소명을 수행하고 있다는 느낌을 갖고 싶어요."

"당신이 쓰고 싶은 미셸의 이야기를 시나리오로 완성하고 영화로 제작하기 위해서 목숨을 내놓을 수도 있겠어요?"

"유럽의 스튜디오 사람들, 영화제작자들과 만나는 것에 내 목숨을 내놓을 수 있냐고 묻는 건가요?"

그녀는 소리를 질렀습니다.

"제 자신이 너무 위축되어 있었던 것 같아요. 저는 영화를 만들기 위한 인맥이나 경력, 그리고 남들보다 나은 능력과 에너지, 비전을 갖고 있어요. 그런데 왜 제가 진정으로 만들고 싶은 영화를 제작하기 위해서는 최선의 노력을 하지 않았을까요? 다른 시나리오 작가들은 100만 분의 1의 가능성만 있어도 이리저리 뛰어다니며 자신의 영화를 만들기 위해서 노력하는데 말이죠. 그들에 비하면 저는 성공할 확률이 더 높은데……. 사실 성공할 확률 따위는 중요하지 않을 수도 있어요. 미셸에게는 성공할 확률 따위는 중요하지 않았어요. 소년에게는 단지 자신이 맡은 임무인 비밀 메시지를 전달하는 것, 그 자체가 가장 중요했어요. 저도 제 영화를 보는 관객들에게 메시지를 전달해야만 해요. 성공할 확률 따위는 중요하지 않죠."

"이제 사명감이 느껴지나요?"

그녀에게 물었습니다.

"그럼요."

그녀가 유럽에 머무는 시간들이 길어질 것 같았습니다. 그래서 다음 달은 전자메일로 서로 연락하기로 하고 헤어졌습니다.

그리고 다음달 그녀에게서 연락이 왔습니다. 유럽의 유명한 감독이 그녀의 시나리오에 흥미를 보였으나 제작까지 이어지지는 못했다고 합니다. 할리우드의 한 감독이 시나리오를 보고 싶다고 애원해서 보내주었는데 그 역시 처음에는 시나리오를 무척 마음에 들어했지만 갈수록 관심이 시들해졌다고 했습니다. 제작자, 감독, 배우들의 반응도 비슷했습니다. 이후 몇 개월 동안 제가 그녀로부터 들은 이야기는 "거절당했어요." "아마도 될 것 같기는 한데……." "뭔가 될 것 같아요"라는 말뿐이었습니다. 몇 개월이 지났지만 그녀는 변함없이 자신이 소명을 수행하고 있다는 느낌을 간직하고 있을까요? 시간은 덧없이 흘러갔습니다. 어느 날 그녀가 제게 털어 놓았습니다.

"그 시나리오를 영화로 제작할 기회를 잡지 못했어요. 사실은 가능성이 점점 더 줄어들고 있어요. 제가 아는 사람들에게 모두 연락해봤지만 반응은 똑같았어요."

"그리고요?" 저는 이야기를 재촉했습니다.

"저는 여전히 미셸의 이야기를 포기할 수 없어요. 어쩌면 영화 제작까지 5년, 아니 10년이 걸릴 수도 있겠죠. 영화로 만들 수 없을지도 모르죠. 그러는 동안 저는 다른 뭔가를 하면서 살아가겠죠. 하루하루를 목숨을 걸고 살아가고 있다는 소명을 계속 간직할 수 없을 수도 있겠죠. 그렇다고 해서 제가 마음속에서 미셸을 완전히 지운 것은 아니에요. 저의 소명도 잊을 수가 없어요. 제 마음을 이해하시겠어요?"

그녀는 블록버스터 영화의 대본을 각색하기로 계약했습니다. 그리고 할리우드 영화의 연출도 맡게 되었습니다.

지금도 그녀는 "미셸을 포기할 수 없어요"라며 가끔 메일을 보내옵니다. 그녀가 정말 포기하지 않았을까요? 미셸은 아직 그녀의 마음속에 남아 있고, 그녀는 여전히 미셸의 이야기를 영화로 만들기 위해 투자자를 찾고 있습니다. 하지만 열정은 예전 같지 않을 겁니다. 그녀가 만들고 싶어 하는 영화는 대중의 취향과 매우 동떨어져 있습니다. 그녀가 아무리 열정을 쏟아 붓는다 하더라도 이런 현실을 뒤집지는 못할 겁니다. 만약 제가 할리우드 영화를 만든다면 이야기를 억지로 쥐어짜내야만 했을 겁니다. 영화제작자들이 제 등 뒤에서 잔소리를 하고, 때로는 구슬리면서, 어떤 때는 더는 투자할 수 없다고 협박할 겁니다. 그들은 제게 소리치겠죠.

"여기서 끝나면 안 되지. 뭔가를 더 집어넣으라고. 말귀를 못 알아듣는군."

지금까지 이야기들을 고려해보면, 미셸의 이야기가 영화로 제작될 가능성은 아주 희박합니다. 그렇지만 그녀는 자신이 원하는 것을 이루기 위해 할 수 있는 모든 시도를 했고, 자신의 삶에 의미를 부여하려고 최선의 노력을 다했으므로 스스로를 자랑스러워하지 않을까요? 예, 맞습니다. 현실적인 어려움이 있더라도 잊지 말아야 할 것은 '의미를 만들기 위해 최선을 다했다'는 바로 그것입니다. 이것이 제가 여러분께 꼭 전달하고 싶은 메시지입니다.

당신이 꿈꾸는 것이 있다면 무엇이든 시작하라.
대담함 속에 천재성과 힘과 마법이 들어 있다.

- 괴테

Self-Coaching 11

1. 잠시 당신에게 2분만 허락해보세요. 그리고 당신이 소중하게 여기는 삶의 가치를 생각해봅니다. 삶의 가치를 알면 당신이 어떤 행동을 해야 하는지를 알게 됩니다.
   당신의 삶의 가치를 중요한 순서대로 적어보세요. (5가지 이상)

① 내 삶의 가치는 ______________________ 이다.

② 내 삶의 가치는 ______________________ 이다.

③ 내 삶의 가치는 ______________________ 이다.

④ 내 삶의 가치는 ______________________ 이다.

⑤ 내 삶의 가치는 ______________________ 이다.

2. 당신의 삶의 가치를 써보았나요? 이제 그 목록을 바탕으로 인생 선언문을 작성해보세요. 이것이 내 삶의 행동지침이 됩니다.

인생 선언문

위 사항을 항상 가슴에 품고 살 것을 나에게 약속한다

년 월 일

이름 :

Maintaining a creative life

Week 12
창의적인 삶을 지켜낼 것

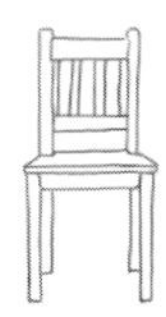

창의적인 삶을 가로막는 장애물은 셀 수 없이 많습니다. 당신은 소설을 썼습니다. 그러나 어떤 출판사도 원고를 사지 않습니다. 이제 어떻게 해야 할까요? 당신은 그림을 그립니다. 하지만 당신이 추구하는 아름다움을 작품 속에서 찾을 수 없습니다. 그렇다면 당신은 어떻게 해야 할까요? 당신은 노래를 부릅니다. 하지만 음악적 재능에 확신이 없고 미래도 불투명합니다. 당신은 어떻게 해야 할까요? 어느 날 사랑하지 않는 남자로부터 프러포즈를 받는다면 어떻게 하겠습니까? 과학을 전공했고 대학에서 종신재직권을 갖고 있지만 전공 분야가 따분하게 느껴진다면 어떻게 해야 할까요? 방해와 도전, 유혹들이 파도처럼 끝없이 밀려옵니다. 간단하지만 아주 중요한 해결책을 알려드리겠습니다.

"최선을 다해 창의력 셀프 코치가 돼라."

창의력 셀프 코치가 된다는 것은 노력하는 공상가, 꿈을 간직한 현실주의자, 불안감을 다룰 줄 아는 마음전문가, 하루를 의미 있는 노동으로 채울 줄 아는 사람, 자신을 위한 인지치료자, 항상 에너지가 넘치는 사람, 멈출 줄 아는 사람, 계획을 세우는 습관이 일상화된 사람, 그리고 인생을 전체적으로 관조할 줄 아는 홀리스틱 싱커(Holistic thinker)[01]가 된다는 뜻이기도 합니다. 누가 이 경지에 이를 수 있을까요? 당신이라면 확실히 준비되어 있다고 생각합니다.

아무리 준비가 잘 되었더라도 창의적 일상을 유지해가려면 내면의 저항이 따르기 마련입니다. 제가 알려드리는 내용에도 많은 맹점이 있을 것입니다. 그래도 당신은 이 책에서 설명한 방법들을 꾸준히 실천하기를 권합니다. 그리고 창의적인 삶을 만들어가기 위해 혼신의 노력을 쏟아 붓기를 바랍니다.

매일 자신의 삶을 돌아보고, 발전하는 과정을 확인해야 합니다. 자신의 가치를 소중하게 여기며 행동하고, 자신과 맺은 약속을 되새기며 살아야 합니다. 억눌린 고통과 절망감에서 벗어나려면 자신과 타인을 용서해야 합니다. 현실의 한계를 인식하고 꿈을 이루기 위해 최선을 다해야 합니다.

창의적 활동을 가로막는 장애물을 효과적으로 처리하지 못하게 방해하는 우리의 본성과 매일 싸워야 합니다. 창의적 활동을 위해서는 고독도 필요하고, 온정과 사랑을 느낄 수 있는 인간적인 만남도 필요합니다. 무엇보다 창의적 삶을 꾸준히 유지하려면 행동해야 합니다. 어떤 날은 욕조에 몸을 담그기도 하고, 초콜릿을 먹기도 하겠지만 그것만으로 많은 시간을 보낼 수는 없습니다.

01
삶의 여러 부분을 단편적으로 보는 것이 아니라 여러 방면으로 보고 이해하는 사람.

매일 매일이 성공을 위한 기회입니다. 성공은 목표에 한 발 더 다가가기 위해 해야 할 일을 매일 하는 것입니다. 무엇보다 자신에게 주어진 하루는 희망을 재충전하기 위한 시간입니다. 작은 희망이 보일 때마다, 희망의 미소가 입가에 머물 때마다, 가슴 속에 열정이 다시 솟구칠 때마다, 그 순간 희망으로 가득 찬 하루가 됩니다. 하루의 과업으로 '희망을 재충전한다'는 것이 조금 이상하게 들릴 수 있지만 아주 중요한 일입니다. 매일 아침 일어나서 스스로에게 말하세요.

"나는 오늘 하루에 대한 창의적 열정으로 가득 차 있다."

이럴 때 비로소 당신에게 찾아온 모험과 도전을 사랑하게 될 것입니다. 재능을 발휘할 수 있다는 것은 자존감을 느끼게 하고, 하루를 충실하게 보낼 수 있다는 마음에 가슴이 벅차오릅니다. 일을 마치고 돌아와 텔레비전을 보는 대신 그림을 그리거나 소설을 쓴다면 더 행복한 마음으로 잠자리에 들 수 있습니다. 매일 해야 하는 일이 있고, 자신에게 내놓은 숙제도 있습니다. 이런 과제들을 하나씩 실행하면서 희열을 느끼게 될 것입니다.

창의력 셀프 코치에게 필요한 것

당신의 창의력을 한껏 높여줄 비법이 있습니다. 바로 창작도구 세트를 활용하는 것입니다. 창작에 도움이 될 만한 방법을 찾을 때마다 자기만의 창작 도구세트에 하나씩 추가하세요. 앞에서 알려드린 '불안을 다루는 방법'이나 '꿈을 소중하게 간직하고 실행하는 방법'과 같은 기법이 창작 도구세트에 들어갈 것입니다.

창작 도구세트에는 다음과 같은 것들이 있습니다.

- 프로젝트 일지 : 프로젝트(소설, 미술 작품, 작곡, 발명 무엇이든 상관없습니다) 진행 과정을 한눈에 파악할 수 있는 일지가 필요합니다. 각각의 프로젝트마다 노트를 한 권씩 따로 준비해서 기록하면 더 좋습니다.
- 하루 일정표 : 하루 일정을 한 페이지에 모두 기록할 수 있는 다이어리나 노트를 준비하세요. 하루를 위한 페이지를 두 부분으로 나누세요. 앞부분에는 매일 아침 창의적인 삶을 살기 위한 하루 목표를 기록합니다. 여기에 적을 목표는 "나는 오늘 글을 쓴다"처럼 포괄적인 것도 좋고 "오늘 출판사 편집자에게 출판 의뢰서를 세 통 보낸다" "미술 작품 세 가지를 새롭게 구상하고 준비하겠다"처럼 구체적인 것일 수도 있습니다. 그리고 매일 저녁에는 하루를 되돌아본 뒤 아침에 적은 목표를 어느 정도 달성했는지 남은 부분에 기록해둡니다.
- 해야 할 일 목록 : 프로젝트를 위해 해야 할 일의 리스트를 적습니다. 여기에는 일과표와 마찬가지로 "커튼을 세탁한다" 같은 하루 일과를 적어서는 안 됩니다. 이것은 단순히 하루에 끝내야 하는 일과 목록이 아닙니다. 이 리스트는 영원히 완성될 수 없습니다. 현재 진행 중인 일을 적고, 끝난 일은 줄을 그어 지우고, 새로운 리스트를 추가하면서 끊임없이 바뀌게 됩니다. 프로젝트를 완결시키기 위한 리스트가 아니라, 창의적인 삶을 살도록 감독하고 체계적으로 관리하기 위한 방법입니다.
- 특별한 의미를 지닌 물건 : 저는 파리의 아름다운 풍경이 그려

진 엽서와 사진을 쉽게 볼 수 있도록 장식해두었습니다. 그 사진을 보면 기분이 좋아지고 창의적으로 살아가려는 저의 노력에 힘이 실립니다. 그 외에도 한 손에 쏙 들어오는 조약돌을 가지고 다닙니다. 지금 작업 중인 작품과 저를 연결시키려고 할 때마다 이 조약돌을 손에 꼭 쥐는 의식과 같은 행동을 합니다. 그러면 저와 제 작품이 다시 하나가 되는 느낌이 듭니다.

자신의 잠재력을 한껏 발휘하면서 창의적 삶이 가져다주는 멋지고 아름다운 삶을 살아가고 싶다면, 먼저 자기 자신을 위한 창의력 셀프 코치가 되어야 합니다. 상담이나 정신분석을 받고 주변 사람에게 조언을 들을 수도 있지만 당신이 귀 기울여야 하는 가장 중요한 목소리는 내면에서 나오는 것입니다.
사람은 누구나 스스로를 위한 세계적인 수준의 셀프 코치가 될 수 있습니다. 세계 일류의 스포츠 코치들은 선수들에게 어떤 도움을 주는지 다음 내용을 참고해봅시다.

- 일류 스포츠 코치는 게임(스포츠 경기)에 대해 누구보다 잘 압니다. 규칙을 알고, 전통을 이해하며, 현실을 파악하고, 불확실한 상황을 내다보고 미묘한 차이를 읽어냅니다. 지금 뛰고 있는 게임을 누구보다 잘 이해해야 합니다.
- 일류 스포츠 코치는 선수들을 가르칩니다. 근본이 되는 것부터 반드시 알아야 하는 기초 지식을 가르칩니다. 미식축구에서 지역 방어와 블리츠 패키지[02]같이 복잡한 지식을 선수들이 익힐 수 있도록 도와줍니다. 실제 경험으로부터 터득한 것과 반드시

02
풋볼에서 한 명 또는 그 이상의 라인, 후방 수비수들이 공격 진영으로 돌진하는 것을 말한다.

알아야만 하는 것을 가르쳐야 합니다.

- 일류 스포츠 코치는 동기를 부여합니다. 선수들을 응원하고, 다독이고, 사랑을 전달하기도 합니다. 그는 심리학의 대가입니다. 코치는 선수들에게 정신적 힘을 불어 넣어야 합니다.
- 일류 스포츠 코치는 어떤 상황에서도 선수들을 지지합니다. 상대팀 선수가 아니라 자신의 팀원, 자신의 선수를 격려하고 응원합니다. 자신을 믿고 끝까지 지지해야 합니다.
- 일류 스포츠 코치는 몽상가이면서 현실주의자입니다. 챔피언십 우승을 꿈꾸지만, 실제로는 자기 팀이 리그 3, 4위라는 현실도 인식합니다. 챔피언십에서 우승하기 위한 노력은 절대 포기하지 않습니다. 절대로 꿈을 포기하지 말아야 합니다. 현실에 안주해서는 안 됩니다.
- 일류 스포츠 코치는 최고 전략가이자 전술가입니다. 야구 감독이라면 언제 번트를 대야 하는지, 언제 히트앤런 작전을 써야 하는지 압니다. 테니스 코치라면 네트 플레이를 해야 할 때와 아닐 때를 정확히 알려줍니다. 창의적인 삶을 살아가는 중에 반드시 거쳐야 하는 과업을 수행하기 위한 전략이 필요합니다.
- 일류 스포츠 코치는 계획을 세우고, 일정을 짜고, 우선순위를 정합니다. 투수들이 최상의 컨디션으로 경기에 임할 수 있도록 로테이션 일정을 짭니다. 시간을 효율적으로 활용하기 위한 계획을 세웁니다. 계획을 세우고 충실하게 따라가야 합니다.
- 일류 스포츠 코치는 마음이 따뜻한 관찰자입니다. 선수들을 지켜보면서 고쳐야 할 것에 대해 선수들의 마음이 다치지 않도록 전달할 줄 알고, 더 발전할 수 있도록 도와줍니다. 객관적인

관찰자가 되어 평가하고, 따뜻한 마음으로 그것을 전달할 줄 알아야 합니다.

- 일류 스포츠 코치는 선수들에게 책임을 부여합니다. 경기 기량과 게임 성적에 대한 최종 책임은 선수들 자신에게 있음을 분명하게 전달합니다. 책임감을 느끼고, 자신의 행동을 책임질 수 있어야 합니다.
- 일류 스포츠 코치는 과정을 중요하게 여깁니다. 자신이 할 수 있는 것과 그렇지 않은 것을 구분할 줄 압니다. 자신이 통제할 수 없는 것을 지배하려고 하지 않습니다. 과정을 결과(경기 성적)와 분리해서 생각할 줄 압니다. 경기에서 이기고 지는 것은 자기 마음대로 할 수 있는 것이 아님을 잘 압니다. 목표를 가지고 목표를 향해 가는 과정 자체를 진심으로 존중해야 합니다.

이것이 바로 코치들이 짊어져야 하는 역할입니다. 그리고 당신이 창의력 셀프 코치가 되기로 결심했다면 당신 역시 이 역할을 즐길 수 있어야 합니다. 때로는 철학으로 무장된 코치의 역할도 해야 합니다. 왜 철학적인 문제가 중요할까요? 바로 인생의 의미가 중요하기 때문입니다. 비현실적인 프로젝트에만 매달리는 기획자, 마지못해서 미스터리 소설을 시리즈로 쓰는 작가, 적색 단색화에서 더는 자신의 예술 열정을 발견할 수 없게 된 화가, 미생물학을 전공했지만 흥미를 잃은 과학자. 이런 사람들은 자신의 존재 이유, 정체성에 위기가 닥친 사람들입니다. 셀프 코치가 되어 자기 자신과 친밀한 관계를 맺어간다면 궁극적으로는 인생의 의미를 만들어가는 전문가가 될 수 있습니다.

삶의 의미를 만드는 전문가

당신은 언제 자신의 일에서 만족감과 의미를 느끼는지 알고 있나요? 지금 하고 있는 작업이 틀에 박힌 일과가 되고, 지루해지고, 의무적으로 느껴지고, 단지 먹고 살기 위해 어쩔 수 없이 하는 노동이 되었을 때에도 일과 삶에 의미를 잃지 않을 수 있나요? 인생의 의미를 찾지 못하고 삶에 위기가 닥쳤을 때, 그 순간을 금방 알아챌 수 있나요? 어떻게 하면 삶의 의미가 새어나가는 것을 막고 의욕을 다시 충전할 수 있을까요? 열정을 빨리 회복할 수 있는 방법을 아나요? 당신은 삶의 의미를 끊임없이 만들어 나갈 준비가 되어 있나요?[03] 대부분의 사람은 이 질문에 '그렇다'고 대답하지 못합니다. 이런 질문에 대해 생각조차 해보지 않았을 겁니다.

03
이런 질문을 생각하고 스스로를 단련하기 바랍니다. 규칙적으로 자기 삶을 되돌아보고, 그 의미를 숙고해보고, 이때 제기되는 질문에 답할 수 있도록 준비되어 있어야 합니다.

당신이 꽤 괜찮은 단편소설을 완성했다고 가정해보죠. 출판사로 원고를 보냈지만 출판을 거절당했습니다. 다시 힘을 내서 다른 출판사에 원고를 보냈습니다. 또 다시 원고가 되돌아 왔습니다. 또 보내고, 또 거절당했습니다. 마지막에 받은 거절 편지는 불에 태워 재로 날려버렸습니다. 절망과 분노가 치솟습니다. 다음 번에는 황당한 커버 레터와 함께 원고를 출판사에 보냅니다. 아예 출판사에서 반송할 수 없도록 당신의 주소도 적지 않고 말이죠. 아무런 답장도 오지 않습니다. 당연히 거절 편지조차 받지 못했습니다. 거절당하지는 않았지만 또 다시 절망했습니다. 감옥에 끌려가지 않는다면 누구든 붙들고 주먹질을 하고 싶다는 충동이 치밀어 오릅니다. 출판업계에 혐오감을 느낀 당신은 아무도 원하지 않는 음흉하면서도 난해한 소설을 쓰기로 마음먹습니다. 자꾸 웃음이 납니다.

"그들에게 보여 주어야지."
휘파람이 절로 나옵니다. 출판사 편집자에게 복수하기 위해 1년 동안 난해한 소설을 썼지만, 편집자나 출판 에이전트에게 보내려고 애쓰지 않습니다. 원고를 보낸다면 미국의 문화 수준에 대한 신랄한 비판을 퍼붓는 편지를 동봉해서 보낼 작정입니다. "만약 베스트셀러를 찾는다면 이 원고는 아닐 겁니다"라고 선언해버리는 것이죠. 이런 황당한 편지가 순간을 위한 자위 수단이 될 수는 있겠지만 절망감만 더 커질 뿐입니다.
앞에 묘사된 상황은 자신을 제대로 코칭할 줄 모르는 사람, 자신의 내면에 제대로 된 창의력 코치가 부재한 사람에게서 관찰됩니다. 실패를 거듭하는 이유는 진짜 자기 모습에 직면하지 않은 채 한 가지 일에서 다음 일로 무작정 건너뛰기 때문입니다. 10년간 한 가지 일에 매달렸지만 끝내 완성하지 않고 포기해버리는 습관 때문일 수도 있고, 아니면 선택한 일에 전념하지 않았기 때문일 수도 있습니다. 누구나 실패하고 절망하게 되는 잘못된 습관을 갖고 있습니다. 이런 약점을 보완해주고, 등을 두드리며 응원해주고, 정신적 상처를 치료해줄 코치가 있다면 얼마나 좋을까요?
내 안의 창의성을 키워가려면 나 스스로 훈련해야 합니다. 이 도전에 기꺼이 응한다면 자신에게 감사하게 될 것입니다. 창의적 삶에는 좌절과 실수를 피할 수 없고, 실패도 반드시 따르기 마련입니다. 창의적 삶을 살겠다는 사람은 허리케인이나 토네이도를 피할 수 없습니다. 당신 자신에게 물어보세요.
"창의적인 삶보다 더 매력을 느끼는 다른 삶의 방식이 있을까?"
대답이 "없다"라면 지금 당장 자신을 위한 창의력 셀프 코치 한

명을 마음속에 채용하세요.

지금 이 순간에 최선을 다한다

50년 전, 제 나이 여섯 살 때 브롱스에서 브루클린으로 이사를 갔습니다. 열여덟 살 되던 해에 군에 입대하면서 브루클린을 떠났습니다. 스물일곱 살 때 몇 달을 브루클린에서 보냈는데, 이 시기는 생각조차 하고 싶지 않습니다. 악몽 같았던 몇 달 동안 벼랑 끝에 선 듯한 삶을 살았고, 저의 이모 두 분은 정신병원에 입원해 치료를 받았습니다. 창의성이라는 축복을 갖고 사는 사람에게는 벼랑 끝에 선 듯한 인생의 위기가 한 번이 아니라 여러 번 찾아옵니다. 왜냐하면 창조에 대한 열망은 머릿속에만 머물러 있지 않기 때문입니다.

예전에 만난 폴의 이야기를 들려드리죠. 그를 벼랑 끝으로 내몬 것은 알코올중독이었습니다. 그는 가진 것을 모두 내팽개치고 어리석은 행동을 하며 시간을 흘려보냈습니다. 처음에는 술을 좋아하는 정도였지만 금세 알코올중독자가 되었습니다. 술에 취해 필름이 끊기고, 다리가 부러지기 일쑤였습니다. 이런 일이 반복되자 자유로운 영혼의 예술가는 부랑자 신세로 전락했습니다. 그냥 내버려두었다면 차를 부수고 돈을 함부로 빌려 쓰면서 인생을 탕진하고 말았을 겁니다. 그는 "모든 것을 날려버리자"는 마음으로 살았습니다. 20대에 그는 애즈라 파운드(Ezra Pound)[04]의 시처럼 도움을 청하는 숨죽인 외침으로 가득 찬 어둡고 이해하기 힘든 시를 썼습니다. 30대에는 매일같이 폭음을 했고 이혼했으며 방황

04
미국의 시인, 비평가. 2차 세계대전 중 이탈리아 파시스트를 지지하는 방송을 하여 전쟁 후에 체포당해 1958년까지 정신병원에 억류되었다.

했습니다. 그의 삶은 벼랑 끝으로 내몰렸습니다. 글을 쓸 수는 있었지만, 혼란스러운 그의 글은 50쪽을 넘기지 못했습니다. 1000쪽이 넘는 두 번째 소설은 완전히 뒤죽박죽이었습니다. 사람들은 그를 보며 말했습니다.

"재능을 썩히고 있군."

하지만 정작 그에게 해야 할 말은 따로 있었습니다.

"인생을 헛되이 날려버리는군."

서른일곱 살이 되던 어느 날 저녁, 폴은 보스턴의 빙판길에서 미끄러졌습니다. 여느 때처럼 술과 마약에 취해 있었습니다. 길바닥에 나뒹굴었지만 다치지는 않았습니다. 그때 서로 아무런 관련이 없는 수백 개의 생각들이 하나로 모아지면서 그의 마음 깊은 곳으로 파고들었습니다. 그리고 어떤 목소리를 들었습니다.

"이런 삶이라면 살아갈 이유가 없어."

그는 웃으며 일어나 벼랑 끝에서 걸어 나왔습니다. 순식간에 그의 생각이 송두리째 바뀌었습니다. 아무도 그가 왜 변했는지 알지 못했습니다. 단지 빙판길에 넘어져 길바닥에 쓰러졌던 그 사람, 폴 자신이 어떤 역할을 한 것만은 분명했습니다.

폴의 인생이 되살아나기 시작하는 데는 5년이라는 세월이 걸렸습니다. 목수 보조일, 강아지 산책시키는 일, 조경 아르바이트 등 닥치는 대로 일했습니다. 그는 오랜 기간 우울증에 걸려 있었음을 인정하고, 제대로 살기 위해 필사적으로 노력했습니다. 그의 삶은 한밤의 어둠이 아니라 한낮의 빛으로 바뀌었습니다. 인생의 벼랑 끝에서 완전히 벗어났다고는 생각하지 않았으므로 "나는 새로운 사람으로 다시 태어났다"고 한 번도 다른 사람에게 말하지 않았습니다. 하지만 그는 분명히 변했습니다. 자기 과거에 대해 "사막에 있는 빙판길에서도 미끄러질 수 있다"고 농담처럼 중얼거렸습니다.

폴은 삶에 찾아온 두 번째 기회에 대해 감사했습니다. 그는 끊임없이 "지금 내가 가진 것이 눈 깜짝할 사이에 사라질 수 있다"고 상기시켰습니다. 지금 이 순간에 최선을 다하기로 결심했습니다. 그는 이 말의 의미를 잘 이해했습니다. 그는 글을 쓰지 않았지만 언제든지 쓸 준비가 되어 있었습니다. 마음의 상처를 달래고, 정신을 맑게 하고, 자신과의 약속을 지키고, 용기를 내어 언제든지 다시 시작할 각오가 되어 있었습니다. 그는 전문직 여성과 사랑에 빠졌고 결혼을 했습니다. 이제 그의 얼굴에서 과거의 절망적이던 나날을 읽을 수 없었습니다. 좋아 보였습니다. 편안해 보였습니다.

마흔다섯 살에 그는 10여 년 만에 처음으로 장편소설을 썼습니다. 그의 소설을 처음 접한 출판 에이전트가 좋은 제안을 했습니다. 에이전트의 전화를 받은 뒤 흥분한 마음을 달래기 위해 보드카를 마시고 싶다는 충동을 느꼈지만 그는 술 대신 산책을 했습니다. 산책에서 돌아온 그의 얼굴에는 웃음이 가득했습니다. 폴은 에이전트에게 전화를 걸어 제안을 받아들이겠다고 했습니다. 출판 에이전트는 그의 소설이 부와 명예를 가져다줄 것이라는 장밋빛 전망을 펼쳐 보였습니다. 이런 이야기를 들으며 폴은 웃었습니다. 에이전트의 이야기를 믿지 않아서가 아니라 술을 한 잔도 마시지 않았다는 사실 때문에 기뻤던 것입니다.

술을 완전히 끊기 전에 폴은 미친 사람마냥 세계 이곳저곳을 여행하고 돌아다녔습니다. 맑은 정신으로 돌아오기 전에 마지막으로 여행한 곳은 탕헤르, 베를린, 그리고 모스크바의 어두운 거리였습니다. 이 도시에서 여자들을 만나 하룻밤을 보내거나 몇 달간 제대로 된 식사도 하지 않고 절망감에 싸여 있었습니다. 그에게 파리 여행은 이름 모를 여자와 침대에 누워 있는 밤의 세계를 의미할 뿐이었습니다. 그의 성격과 맞지 않았지만, 폴은 칼을 몸에 품고 다녔습니다. 원래 칼을 가지고 다니는 것을 혐오했지만 자신의 인생이 완전히 실패했음을 강조하기라도 하듯이 칼을 지니고 다녔습니다.

술을 완전히 끊은 뒤 폴은 다시 파리로 여행을 갔습니다. 과거의 어두운 기억에서 조금이라도 멀어지려고 에펠탑 근처의 숙소에 머물렀습니다. 이때 파리의 햇빛을 처음 본 것이나 다름없었습니다. 흥분되고 격앙된 상태가 아니라 차분하고 안정된 상태에서 두 번째 소설을 썼습니다. 어느 날 출판 에이전트는 그의 소설이 아주 난해해서 잘 팔리지 않을 것 같다고 했습니다. 에이전트는 이미 출판을 포기한 상태였습니다. 폴은 웃었지만 마음이 편하지는 않았습니다.

지금은 새로운 출판 에이전트와 일합니다. 이 에이전트는 두 번째 소설이 성공하면 첫 번째 소설을 출판할 수 있을 거라고 했습니다. 하지만 폴은 자신이 없었습니다. 그렇다고 해서 공상이나 하면서 시간을 낭비할 수는 없었습니다. 폴은 전날 노장 사상의 가르침에 매료됐습니다. 노장 사상에서는 자기에게 적합하고 잘 어울리는 일을 하는 것 자체가 중요하고, 그 외에 나머지는 그가 어떻게 할 수 있는 것이 아니므로 그런 일에 대해서는 그냥 웃어

넘길 수밖에 없다고 가르칩니다. 이 가르침대로라면 폴이 할 수 있는 일은 정신을 맑게 하고 글을 쓰는 것뿐입니다. 나머지는 그냥 흘러가는 대로 받아들여야 했습니다.

내일 브루클린에서 폴을 만나기로 했습니다. 폭풍우가 몰아치고 있습니다. 비가 내리는 브루클린을 상상해봅니다. 억수같이 내리는 비를 맞고 있는 석고상으로 가득 차 있는 공장 마당과 로크웨이 비치에 있는 정신재활시설에서 정신장애를 앓고 있는 여성이 안개 낀 창문 밖의 풍경을 물끄러미 바라보고 있는 모습을 상상할 수 있었습니다. 오션 파크웨이를 따라 늘어선 벤치에서는 사람을 찾아볼 수 없을 겁니다. 코니 아일랜드에서 프로스펙트 파크까지 이어진 승마 도로는 진흙탕으로 변해 있을 겁니다. 저는 1954년의 브루클린을 추억하고 있습니다.

저는 30년 전에 처음으로 소설을 쓰기 시작했습니다. 어떻게 시작했고, 왜 여기까지 왔는지…… 오늘 아침에 계산해보니 지난 30년간 50편에 가까운 책과 칼럼을 썼더군요. 그중 세 권은 제가 대필한 책이고, 다른 세 권은 자비로 출판했습니다. 열다섯 편은 대부분 소설인데 한 편도 출판되지 못했습니다. 나머지 스무 편 정도는 출판되어 꽤 많이 팔렸습니다. 비참한 실패와 어느 정도의 성공을 맛보았습니다. 이 과정에서 수많은 실수와 성공이 오갔습니다. 출판되지 못하고 사장된 열다섯 편의 소설을 생각해봤습니다. 이런 생각은 무척 고통스럽습니다. 지금 그 당시의 내 자신을 코칭한다면 어떤 조언을 할까요? 어떤 작가가 "처음 쓴 소설 두 편은 출판사가 받아주지 않아서 묻혀버렸어요"라고 하면 저는 마음속으로 조용히 웃을 수밖에 없습니다. 그 작가의 고통과 절망을 이해하지만 저는 마음속으로 말합니다.
'저는 출판되지 못한 소설이 열다섯 편이에요.'
출판되지 못한 원고는 작가에게 골칫거리이고, 비극이며, 숨기고 싶은 비밀입니다. 하지만 이것 또한 창의적인 삶의 한 부분입니다. 어떤 화가에게 지금은 별 볼 일 없다고 취급되는 페인팅 기법에 빠져 있던 지난 5년이 비극이고 숨기고 싶은 과거겠지만, 이 또한 창의적인 삶을 살아가는 과정의 한 부분입니다. 어떤 연극에서 배역을 주기로 했던 감독이 마지막에 마음을 바꿨습니다. 지난 10년 동안 자신의 모든 것을 바쳐 연구한 이론에 관한 논문을 완성하기 사흘 전에 프린스턴대학교의 라이벌 교수가 학술지에 그 내용을 먼저 발표했습니다. 더 예를 들지 않아도 짐작할 겁니다. 이런 일은 누구나 겪어야 하는 비극이고, 불행이며 숨기고 싶은 과거입니다. 마음의 상처를 입고 가끔씩은 미쳐버릴 것 같겠지만, 이것이 인생입니다.
다음날 아침이 되었습니다. 비가 그치자 하늘은 거짓말처럼 맑게 갰습니다. 기운이 약간 서늘했지만 화창한 날이었습니다. 브루클린 행 지하철을 탔습니다. 폴이 긴 재킷과 청바지 차림에 부츠를 신고 나타났습니다. 뻣뻣하게 굳은 얼굴에 눈매가 날카로운 브루클린 하이츠의 카우보이 같았습니다. 런던 타임즈를 팔꿈치에 끼고, 손에는 커피 두 잔을 들고 있었습니다.
우리는 글을 쓰는 일과 출판업계의 동향에 대해 이야기 나눴습니다. 폴은 자신의 첫 소설이 상당한 계약금을 받고 곧 출판될 것이라고 했습니다. 저는 축하의 말을 전했습니다. 초판 부수가 굉장히 많을 것이라고 했는데, 정확히 얼마나 되는지는 쑥스러운 듯 말을 아꼈습니다. 우리는 서로 알겠다는 듯 미소만 나눴습니다. 모든 성공 뒤에는 많은 실패와 좌절이 숨어 있음을 우리는 잘 알고 있었습니다.

대화를 나누던 중에 폴이 자신의 최근 작품에 관해 전혀 언급하지 않는다는 것을 깨달았습니다. 지금 쓰는 작품에 대해 묻자 그는 침묵했습니다. 저는 그의 침묵이 무엇을 의미하는지 잘 알았습니다. 폴은 생각을 정리하려는 듯 커피를 한 모금 마시고는 말문을 열었습니다.

"제가 최근에 쓰고 있는 소설에 대해 말씀드려도 될까요? 완전히 엉망진창이에요. 법정 드라마를 쓰고 있어요. 이 배경을 선택한 것이 첫 번째 실수에요. 사실 제가 법률이나 법정에 관해 뭘 알겠어요. 제가 쓴 소설의 모든 장면이 어디선가 보고 들은 것인데……."

저는 커피를 내려놓으며 폴의 이야기에 집중했습니다. 지금이 바로 창의력 코칭이 필요한 순간임을 직감으로 알 수 있었습니다.

진정한 삶은 현재뿐이다.
지금 이 순간을 최선으로 살라.
원하는 일에 온힘을 기울여 노력하라.

– 톨스토이

Self-Coaching 12

1. 당신에게 특별히 아끼는 물건이 있나요? 무기력해졌을 때, 일과 사람에게 흥미가 떨어졌을 때 등 당신의 꺼진 에너지를 지펴줄 의미 있는 물건이나 오브제가 필요합니다. 그것을 볼 때마다 창의적인 삶의 의미를 다잡기 위한 당신만의 오브제를 곁에 두세요.
   당신에게 늘 영감과 활력을 주는 물건이나 사진, 그림 등 특별한 의미가 담긴 물건이 있다면, 그것의 이름과 그 이유를 적어보세요(그림으로 그려도 좋습니다).

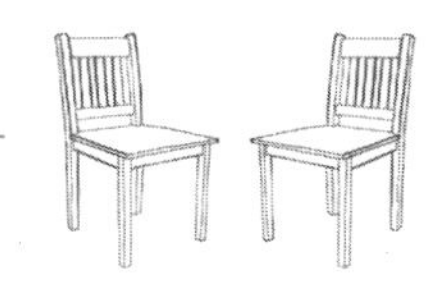

2. 지금 하고 있는 일이 지루하거나 어쩔 수 없이 해야 하는 일처럼 느껴진 적 없었나요? 삶의 의미가 사라졌을 때, 어떻게 하면 다시 삶의 의욕을 충전할 수 있을지 셀프 코치와 대화를 나눠보세요.

㉮ 셀프 코치 : 12주간, 너를 코칭을 하면서 뭔가 달라진 게 있니?

나 : 목표를 세웠지만, 금세 까먹은 거 같아. 지금 내 일을 나의 목표와 연결시켜 봐야겠어.

셀프 코치 :

나 :

셀프 코치 :

나 :

셀프 코치 :

나 :

셀프 코치 :

나 :

나만 모르는 나의 가능성

초판 1쇄 인쇄 2017년 9월 25일
초판 1쇄 발행 2017년 10월 9일

지은이 | 에릭 메이즐
옮긴이 | 김병수

펴낸이 | 성미옥
펴낸곳 | 생각속의집

출판등록 2010년 5월 18일 제300-2010-66호
주소 | 서울시 종로구 혜화동 53-9 1층
전화 | (02)318-6818 팩스 | (02)318-6613
전자우편 | houseinmind@gmail.com

ISBN 979-11-86118-23-8 03180